Susanne Mutschler

Ritter durften noch rülpsen

Susanne Mutschler

Ritter durften noch rülpsen

Die Kinder-Uni fragt, woher die Manieren kommen

Mit Illustrationen von
Klaus Ensikat

Deutsche Verlags-Anstalt

Susanne Mutschler,
geboren 1952, studierte Kulturwissenschaften und Pädagogik in Tübingen. Sie schreibt als freie Journalistin für das Schwäbische Tagblatt, lebt in Hechingen und hat drei Kinder.

Klaus Ensikat,
geboren 1937 in Berlin, studierte an der Berliner Hochschule für angewandte Kunst und gilt als »ungekrönter König der Buchillustratoren«.

Inhalt

verboten
2,8t

EINLEITUNG

Eine Expertenrunde und ein Laienclub

Häng nicht so herum! Nimm die Hände aus der Tasche! Sei nicht so gierig! Bedank dich schön! Hast du kein Taschentuch? Sprich nicht mit vollem Mund! Hast du keine Manieren? Benimm dich gefälligst! … Wenn Kinder nach dem Grund für die Benimmregeln fragen, wissen viele Eltern keine rechte Antwort. Sie sagen: Das gehört sich einfach so! Oft wissen die Erwachsenen selbst nicht, warum sie gerade diese oder jene Umgangsformen gut und wichtig finden.

Über das Benehmen denkt man nicht viel nach. Es kommt einem so vor, als sei es immer schon da gewesen. Aber stimmt das? Und was sind diese Manieren eigentlich? Am besten müssten das doch jene Leute wissen, die seit Jahrhunderten dicke Bücher darüber geschrieben haben.

Eine höchst manierliche Versammlung

Stellen wir uns vor, in der Hauptstadt kämen die bekanntesten Anstandslehrer aus der Geschichte zusammen. Alle einzuladen, die je ein Manierenbuch geschrieben haben, ist selbst in der Fantasie unmöglich. Es wären einfach zu viele. Allein in der Zeit von 1880 bis 2000 wurden fast 900 verschiedene Benimmbücher geschrieben.

Im größten Hotel der Stadt ist der Festsaal vorbereitet. Im Licht der Kronleuchter glitzern Kristallgläser, Silberbestecke und feines Porzellan auf der prächtig gedeckten Tafel. Die Geschäftsleitung bietet alles auf, um vor den kritischen Augen der Manierenfachleute gut dazustehen. Man erwartet Vertreter aus fünf Jahrhunderten und mehreren Ländern Europas. Reporter und Kameraleute beobachten die Zusammenkunft und fragen sich, ob sich die Manierenlehrer gegenseitig am guten Benehmen erkennen werden.

Der Älteste der Anwesenden ist ein berühmter Gelehrter aus den Niederlanden. Er verfasste 1530 das erste Buch, das – in lateinischer Sprache – allgemeine Regeln dafür enthielt, wie sich junge Leute von Kopf bis Fuß gut zu benehmen hatten. 200 Jahre lang wurde sein Buch in den Schulen verwendet. Der würdige Wissenschaftler schreitet in einem langen, weiten Mantel in den Saal. Auf dem Kopf trägt er ein samtenes Barett. Als er die mit Geschirr beladene Tafel sieht, stutzt er, lässt sich aber seine Verwunderung nicht anmerken.

Eine mehr als 300 Jahre jüngere Kollegin kommt in einem grünen Taftkleid. Sie trägt dazu farblich passende, bis über die Ellenbogen reichende Handschuhe. Nach dem Zweiten Weltkrieg organisierte sie alle offiziellen Empfänge für den Bundeskanzler. Ihr Buch über die Etikette war jahrzehntelang ein Bestseller. Mit einem raschen Blick überprüft sie, ob alle Bestecke in korrektem Abstand zum Tellerrand liegen, und zählt die Gläser durch. Als der alte Gelehrte keine Anstalten macht, ihr zur Begrüßung die Hand zu küssen, zieht sie überrascht die Augenbrauen hoch.

Eine andere Erfolgsautorin in Benimmfragen trippelt in einem bodenlangen, seidenen Gewand herein. Ihr Kleid ist am Po gewaltig aufgebauscht, und ihre schmale Taille verrät, dass sie sich für den Anlass in ein Korsett gezwängt hat. Weil noch keine weiteren Herren da sind, die sie zum Tisch geleiten könnten, stehen die Damen ein wenig unschlüssig herum. Sie überlegen, wie wohl die Sitzordnung aussieht. Wer wird den Platz am Kopfende des Tisches bekommen?

Ein Herr in ausgesprochen protzigen Kleidern tritt ein, und einen Augenblick lang gilt alle Aufmerksamkeit nur ihm. Die Damen versinken in einem tiefen Knicks, als sie ihn erkennen. Schließlich nannte man ihn einst den Sonnenkönig. Seine beiden Lakaien haben vorsorglich einen silbernen Nachttopf dabei, falls ihr Herrscher einmal dringend danach verlangen sollte.

Als geübter Kavalier führt der König die Damen an ihre Plätze und verteilt überall im Raum kleine Schilder, sogenannte Etiketten, auf denen steht, was man zu tun und was man zu lassen hat. Das war schon in seinem Schloss eine seiner Lieblingsbeschäftigungen. »Nicht in den Kamin pissen« steht auf einer der Etiketten und »Keine Blumen aus den Vasen klauen« auf einer anderen. Dann setzt er sich ganz selbstverständlich ans Kopfende,

nimmt eine Prise Schnupftabak aus einer kleinen silbernen Dose und niest kurz darauf gewaltig.

Ihm folgt nach einer Pause eine wie eine Modepuppe ausgestattete Hofdame. Sie wurde durch ihre mustergültigen Manieren berühmt. Sie keucht atemlos die Treppe hinauf, weil sie mit ihrem breiten Reifrock nicht in den Hotelaufzug passt. Sofort fängt sie an, mit ihrem Fächer verliebte Signale an einen feinen Herrn im schlichten, dunklen Anzug zu senden, doch der versteht überhaupt nicht, was sie damit meint.

Langsam füllt sich der Saal. Vor allem aus dem 19. und dem frühen 20. Jahrhundert sind sehr viele Manierenlehrer gekommen. Manche der Herrschaften tragen elegante Namen wie Eufemia von Adlersfeld-Ballestrem, Johann von Eltz oder Curt von Weißenfeld. Nicht bei allen ist der vornehme Titel auch ihr echter Name.

Als das Essen beginnt, reißt der König erstaunt die Augen auf. Er wundert sich, wie geschickt viele der Anwesenden mit Messer und Gabel hantieren. Zu Hause in seinem Schloss isst er gewöhnlich das meiste mit den Fingern. Der alte Gelehrte hält die Tischrede. »Jesus und seine Jünger aßen mit den Händen, warum sollten wir es anders machen?«, fragt er. Er schaut streng in die Runde der aufmerksam Lauschenden. Dabei entfährt ihm ein leiser Rülpser, offenbar ist er die prickelnde Kohlensäure im Mineralwasser nicht gewöhnt. Danach spuckt er auf den Boden aus und stellt seinen Fuß über die kleine Pfütze. Die entsetzten Blicke seiner Zuhörer scheint er gar nicht zu bemerken. Seine Tischdame beobachtet verwundert, wie er unter dem Tisch nach Hunden und Katzen Ausschau hält.

Schließlich kommt noch eine Gräfin zur Tür herein. Sie schreibt bis heute immer wieder neue Manierenbücher. Ihr moderner Hosenanzug löst unter den älteren Manierenexperten heftige Diskussionen aus. Sie werden noch heftiger, als sie die jüngste Autorin sehen. Die trägt nämlich einen Rock, der nur knapp bis zu den Knien reicht. Im Sitzen schlägt sie ungeniert die Beine übereinander und betrachtet ungläubig die stocksteife Haltung ihrer Vorgängerinnen im Korsett.

Nur ein Freiherr, von dem jeder erwartet hätte, dass er der Meister der Manieren sei, steht ziemlich locker am Kamin herum und unterhält sich leutselig mit jedermann. Er spricht sogar mit einem der Kellner: »Bringe Er mir noch ein wenig Wein«, bittet er.

Nach dem Dessert beginnt die Debatte darüber, welche Manieren denn nun die wichtigsten seien: »Artige Tischsitten sind entscheidend«, sagt einer und tupft sich die Lippen ab. »Es ist alles eine Frage der Haltung«, erklärt ein anderer und richtet sich kerzengerade auf. »Die Kleidung muss immer angemessen sein …«, wirft ein Dritter ein. »Reinlichkeit und Ordnung, alles andere ist nebensächlich …«, erschallt es vom anderen Ende des Tisches. Eine würdige Dame hält dagegen: »Die Ehrerbietung vor den Vornehmen zählt am meisten«. So geht es eine Weile hin und her.

Am Ende beginnt etwas, was man sich unter wohlerzogenen Kennern der Manieren

Caballus ist das lateinische Wort für Pferd. Im Mittelalter waren mit den Kavalieren die Reiter oder Ritter gemeint, die für ihre Herren hoch zu Ross in die Schlacht zogen. In Friedenszeiten veranstalteten sie Reiter-Turniere, um ihre Kampfkraft zu trainieren und um die Frauen zu beeindrucken. Die Abteilung der berittenen Soldaten heißt bis heute Kavallerie. Seit der Zeit des Sonnenkönigs bezeichnet der Begriff »Kavalier« einen vornehmen Herrn, der sich besonders beschützend und höflich um die Damen kümmert.

Wer sich hinter den hier erwähnten Manierenexperten verbirgt, wird am Schluss des Buches verraten.

nur schwer vorstellen kann. Jeder will recht haben. Und bald ist der schönste Streit im Gange. Die Alten werfen den Jungen Sittenlosigkeit und Unmoral vor. Die Experten und Expertinnen unserer Tage finden ihre historischen Vorgänger peinlich und erstaunlich wenig reinlich. Zwei Herren mit Zylinderhüten geraten so heftig aneinander, dass nicht viel fehlte, und sie hätten sich zum Duell gefordert. Jeder einzelne der Anstandsbuchschreiber glaubt, er sei im Besitz der absoluten Manierenwahrheit. Sie nannten ihre Bücher »Katechismus des guten Tones«, »Benimm-Bibel«, »Das goldene Buch des Anstands«, »1 × 1 der guten Sitten« oder »Benimmregeln von A bis Z«. Widerspruch dulden sie nicht. Doch nun breitet sich Unsicherheit unter den Fachleuten aus, und niemand kann mehr mit Gewissheit sagen, worauf es wirklich ankommt.

Schließlich ergreift der alte niederländische Gelehrte wieder das Wort: »Nur wer seine Leidenschaften beherrscht, hat züchtige Sitten«, sagt er, doch außer einem seiner Zeitgenossen aus Florenz versteht ihn niemand. Dieser, ein Hoflehrer, murmelt »Sprezzatura, sprezzatura« in seinen lockigen Vollbart, was aber kaum jemand hört. Damit meint er die hohe Kunst, dass man dem tadellosen Benehmen niemals ansehen darf, wie anstrengend es ist.

Die jüngeren Manierenfachleute brauchen für die Sprache des Gelehrten eine Übersetzung: »Wir sollen uns nicht aufführen wie die Tiere«, sagt einer schließlich und schiebt unauffällig seinen Teller über einige Soßenflecke. »Man muss Herr sein über die Begierden des Leibes«, erklärt ein anderer und stellt seufzend sein randvolles Weinglas zurück. »Es geht also um die Mäßigung«, bekräftigen die Anstandslehrer aus dem 18. Jahrhundert zufrieden. »Ist das nicht dasselbe wie die Selbstbeherrschung?«, fragen die Autorinnen und Autoren der Gegenwart.

Alle sind froh, dass sie zu guter Letzt etwas gefunden haben, worauf sie sich einigen können, und sie schreiben den Satz des Gelehrten in das Protokoll.

Die Stimmung im Festsaal wird wieder friedlich und nach etlichen Gläsern Burgunderwein sogar beinahe ausgelassen. Der König sieht zum ersten Mal in seinem Leben eine Toilette mit Wasserspülung und ist begeistert. Er bringt der Gräfin im Hosenanzug bei, wie man formvollendet ein Menuett tanzt. Der alte Gelehrte probiert verschiedene Zylinderhüte auf und lässt sich das Binden von Krawattenknoten erklären. Zu vorgerückter Stunde zerstreuen sich die Damen und Herren wieder in alle Welt und alle Zeiten.

Jeder fängt bei null an

Eines ist auf unserer vornehmen Versammlung vermutlich jedem klar geworden: Die Formen des guten Benehmens haben sich im Lauf der Zeit verändert. Alle Manieren hatten irgendwann in der Vergangenheit einen Anfang und eine Begründung, die damals allen einleuchtete. Manche der Regeln verschwanden später wieder. Von anderen blieb nur ein Rest übrig, bei dem wir nicht weiter darüber nachdenken, woher er eigentlich kommt. Es gehört sich einfach so, sagt man dann.

Noch nie kam ein Mensch bereits mit guten Manieren auf die Welt. Im Gegenteil. Neugeborene haben überhaupt keinen Anstand. Sie rülpsen, furzen und kacken, wann immer ihnen danach ist. Sie schreien ungeniert selbst in Kirchen und haben noch keine Ahnung von Ordnung, Reinlichkeit und guten Sitten. Jedes Kind muss von Grund auf neu lernen, was in seiner Zeit als gutes Benehmen gilt.

So gingen den Anstandserziehern niemals die Schüler aus. Eltern, Lehrer, Pfarrer und wer sonst noch Wert auf Manieren legte, übten mit ihren Kindern so gewissenhaft, bis diesen das gute Benehmen so selbstverständlich wurde wie der Wechsel von Tag und Nacht. Einem durch und durch wohlerzogenen Menschen sollte es gar nicht mehr gelingen, sich anders als manierlich zu benehmen. Noch mutterseelenallein im dunklen Schlafzimmer würde er beim Gähnen die Hand vor den Mund halten, hofften sie. »Ein zur Beherrschung seiner Gebärden erzogener Mensch denkt nicht mehr daran, sich am Hinterkopf zu kratzen«, so drückte das 1963 ein Manierenlehrer aus.

WO SITZT DER ANSTAND?

»Hast du keinen Anstand im Leibe?«, fragte man früher, wenn sich jemand falsch benahm. Wie eine Turnübung brauchte das gute Benehmen körperliches Training, damit es sich dauerhaft »im Leibe« festsetzte.

Die Experten auf der ausgedachten Versammlung hatten sich auf die Selbstbeherrschung als die Grundlage aller Manieren geeinigt. Was das genau zu bedeuten hatte, wurde freilich zu verschiedenen Zeiten ganz unterschiedlich verstanden.

Die Schüler des alten niederländischen Gelehrten lernten vor 500 Jahren noch andere Regeln, um »ihre Leidenschaften« zu beherrschen, als die Kinder in späteren Zeiten. In den frühen Manierenbüchern fand man nichts dabei, vom »Verrichten der Notdurft«, so nannte man den Gang aufs Klo, und vom Übernachten in gemeinsamen Betten zu schreiben.

In den Anstandsbüchern der späteren Jahrhunderte gab es solche Themen nicht mehr. Inzwischen waren neue Empfindlichkeiten entstanden, die es einem Menschen mit guten Manieren unmöglich machten, über Bauchweh und Schluckauf zu sprechen oder gar in Büchern darüber zu schreiben. Alles, was mit dem Körper, der Verdauung oder der Sexualität zu tun hatte, war peinlich geworden. Die Kinder mussten einen langen Katalog von komplizierten Anstandsregeln lernen, um als wohlerzogen zu gelten.

Heute gibt es solche verschwiegenen Bereiche viel weniger. Überall in der Öffentlichkeit hängt Werbung für Unterwäsche, Kondome und Tampons. Küsse von Verliebten sind kaum jemandem einen strafenden Blick wert, und jedem Kind sind die biologischen Vorgänge beim Geschlechtsverkehr bekannt. Trotzdem sind die Regeln für das gute Benehmen nicht verschwunden. Es gibt genügend Situationen, in denen wir Wert legen auf ein wenig Selbstbeherrschung. Einen Lehrer etwa, der mit nacktem Oberkörper unterrichtet, würden die meisten von uns unpassend finden, selbst bei Hitze. Es stört uns, wenn jemand überall und ungeniert jeder Lust und Laune nachgibt. Warum das so ist, hängt mit der Geschichte der Manieren zusammen. Wir werden in den folgenden Kapiteln sehen, dass manche Benimmvorschriften aus den alten Zeiten sogar länger überlebt haben, als man denkt.

MANIEREN

»Manière« ist das französische Wort für »die Art und Weise«. Die Manieren regeln also die Art und Weise, wie wir miteinander umgehen. Ursprünglich waren die Manieren ein Vorrecht der Adeligen und der hohen Stände. Als es noch Könige gab, waren die Untertanen in Stände aufgeteilt. Im Wort »Anstand« steckt der Begriff des Standes. Als anständig galt, was zum eigenen Stand passte. Je höher der Stand, desto komplizierter und feiner waren die Manieren. Andere Worte für die Manieren waren die Schicklichkeit, die Wohlanständigkeit, das geziemende Benehmen, die Etikette und der gute Ton.

Der Laienclub

Karla und ihre Briefpartner, die in diesem Buch hin und wieder zu Wort kommen, sind, was das gute Benehmen angeht, ziemliche Laien, also das genaue Gegenteil von Experten. Sie haben noch nie in ihrem Leben ein Anstandsbuch gelesen. Eine Ausnahme ist Karlas Großmutter, die seit ihrer Konfirmation eines besitzt. Trotzdem haben Karla und ihre Freunde schon manches über Manieren mitbekommen, wie ihre E-Mails zeigen.

Die älteste Briefschreiberin ist Karlas Großmutter. Seitdem sie eine Senioren-Computerschule besucht hat, sendet sie immer wieder Nachrichten an ihre Enkelin.

Großmutter

Liebe Karla,
zu Deinem zwölften Geburtstag gratuliere ich Dir ganz herzlich. Du hast jetzt ein Sechstel meines Alters erreicht. Das ist ein Grund zum Feiern. Mach Dich fein, ich lade Dich ein. Wir gehen zum Essen in den »Schwanen«. Erlaubt sind bis zu sechs Gänge!
Bis zum Samstag

Deine Großmutter

Karlas Großmutter kam vor dem Zweiten Weltkrieg zur Welt. In ihrer Kindheit wurde viel Wert auf anständiges Benehmen gelegt. Sie kennt aus eigener Erfahrung die enorme Wichtigkeit, die man den Tischsitten, dem richtigen Grüßen oder der angemessenen Kleidung beimaß. Manchmal merkt man das ihren Briefen an. »Meine Oma ist eine richtige Dame«, findet Karla.

Karla hat selbstverständlich auch eine Mutter und einen Vater. Die Eltern beteuern, dass sie sich in den vergangenen zwölf Jahren redlich darum bemüht haben, ihrer Tochter wenigstens eine Grundausstattung an Manieren beizubringen. »Ein bisschen Höflichkeit und Respekt machen das Leben leichter«, findet ihr Vater. Etwas von der Einstellung ihrer Eltern dringt auch in Karlas Mails durch.

Sarah ist Karlas ältere Schwester. Sie verbringt gerade ein Jahr als Au-Pair-Mädchen in Australien. Sie hat sich in den Surflehrer David verliebt und schickt Botschaften an ihre kleine Schwester.

Hi Karla,
ich habe meinen Traumboy kennengelernt. Meine australischen Gasteltern hatten mich zu einer unglaublich langweiligen Strandparty mitgenommen. Ich stand bloß dumm herum, und keiner sagte was zu mir außer »Hallo« und ob ich Australien schon lieben würde. Und dann war da zufällig auf einmal dieser lustige und supertoll aussehende Junge … Ich glaube, wenn das so weitergeht, wird mein Englisch doch noch richtig gut.
Voll verliebte Grüße — Deine Sarah

Sarah

Auch Karlas Patenonkel Johann schreibt. Er ist weggezogen, weil die Firma, bei der er arbeitet, ihren Standort verlegt hat.

Liebe Karla,
ich grüße Dich aus Brüssel, wo ich gerade mit der Firma bin. Ich mache seit drei Tagen hauptberuflich einen guten Eindruck. Ein Geschäftsessen nach dem anderen. Du glaubst nicht, wie anstrengend das ist und wie gerne ich stattdessen mit Dir zu einer Döner-Bude gehen würde.
Bis bald, Johann

Johann

Karlas Freundinnen Lena und Annabell wohnen zwei Dörfer weiter. Die Mädchen telefonieren ziemlich viel miteinander, aber ebenso gerne schreiben sie E-Mails. Lena ist zurückhaltend und schüchtern.

Sie trägt eine Zahnspange, und manchmal braucht sie ein wenig Zuspruch. Nur ganz selten traut sie sich, etwas vor der Klasse vorzutragen. Mit Karla zusammen spielt sie im Musikverein.

Lena

Hallo Karla,
ich habe einen neuen Schreibtisch und einen total unmöglichen Vater. Im Möbelladen fing er an, vor allen Leuten laut wegen des Preises rumzumeckern und zu feilschen. Alle haben geguckt, als ob wir Bettler wären. Es war mir so peinlich, ich bin fast im Boden versunken.

Lena

Annabell ist fasziniert von der Welt der Reichen und Schönen. Am liebsten hätte sie auch einen Adelstitel und ein paar Rennpferde. Stattdessen hat sie einen jüngeren Bruder, und ihre Eltern leben getrennt. Jedes zweite Wochenende verbringt sie bei ihrem Vater.

Annabell

Hi Karla,
weißt Du, dass man sich echte Butler auch stundenweise mieten kann? Wenn ich später eine gut verdienende Anwältin bin, dann werde ich mir mal einen Butler leisten. Nur für ein, zwei Tage. Ich will unbedingt wissen, was es für ein Gefühl ist, dauernd bedient zu werden.
Küss die Hand!

Annabell

Annabell liebt die gestelzte Förmlichkeit des Benehmens der sehr feinen Leute und muss dafür manchen Spott ertragen. In ihrer Vesperdose hat sie immer eine Serviette dabei, die sie auf ihren Knien ausbreitet, und manchmal auch ein kleines Besteck. Lange Zeit hielt sie ihr Butterbrot mit abgespreiztem kleinen Finger. Doch dann war Fred mal in der Pause dabei und bekam einen Lachanfall …

Fred geht in die Parallelklasse. Die drei Mädchen finden ihn gleichzeitig in Ordnung und absolut unmöglich. »Lieber außen eine Sau als innen ein Schwein!«, das ist einer von Freds Lieblingssprüchen. »Wenn ich schon kein gutes Vorbild bin, so will ich wenigstens ein abschreckendes Beispiel sein«, findet er, und so verhält er sich meistens auch.

Hallo Karla,
wusstest Du, dass Fische auch furzen können? Meeresbiologen in Kanada haben herausgefunden, dass pazifische Heringe ihre Fürze wie eine Unterwasser-Sprache verwenden. Bis zu 7,6 Sekunden lang und über die Tonhöhe von drei Oktaven. Nordsee-Heringe schaffen das übrigens nicht. Jetzt guckst Du?

Fred

Fred

Ihn interessieren vor allem eklige Sachen. Seine Erkenntnisse teilt er auch dann gern mit, wenn sie eigentlich niemand hören will. Fred nennt sich Deutschlands einzigen »Flatologen«. Das ist der lateinische Ausdruck für einen Furzkundigen. Er verbringt viele Stunden damit, Daten über den menschlichen Gestank zu sammeln.

Die Mails von Karla und ihren Freunden gehören ganz in die Gegenwart. Nur die Großmutter ist beinahe schon eine Stimme aus der Vergangenheit. Wenn sie aus ihren Erinnerungen berichtet, wundert man sich manchmal, dass ihre Erfahrungen erst ein Menschenleben alt sind.

verboten

Warum spuckte früher alle Welt auf den Boden?

Dass sich hin und wieder in der Nase und im Rachen Schleim ansammelt, gehört zur menschlichen Natur. Wie wir damit umgehen, war immer schon eine Frage der Manieren. Das mittelalterliche Ausspucken ist die schnellste und kostengünstigste Lösung. Trotzdem ist sie schon vor langer Zeit selbst im Freien unbeliebt geworden. Aber auch die Methode, den Rotz sorgfältig in ein Stofftaschentuch einzuwickeln und in der Hosentasche spazieren zu tragen, hat neuerdings ihre Gegner.

Glitschiger Brauch

Liebe Oma!
Gestern auf dem Heimweg von der Schule habe ich mit Fred gestritten. Andauernd hat er auf den Boden gespuckt. Er sagt: Alle Fußballspieler machen das. Außerdem sei Spucke biologisch abbaubar. Ich finde es superekIig und Du?

Viele Grüße von Deiner Karla

Meine liebe Karla!
Ich bin ganz Deiner Meinung. Auch ich habe schon solche Gehweg-Spucker beobachtet. Ausspucken hört sich hässlich an, sieht hässlich aus und ist wirklich eine sehr hässliche Angewohnheit. Sag das diesem Fred mit einem Gruß von Deiner Großmutter. Ob es viel nützen wird, bezweifle ich. Denn leider muss ich Dir sagen, dass auch in meiner Kindheit ziemlich viel herumgespuckt wurde, vor allem von den Jungen. Manche von ihnen wurden später Rechtsanwälte und Lehrer. Das Spucken haben sie inzwischen aufgegeben. So besteht also noch Hoffnung für Deinen Freund. Mich allerdings hätten meine Eltern streng bestraft, wenn sie mich beim Ausspucken erwischt hätten.
Herzliche Grüße

Deine Großmutter

Was Karla an Freds ekliger Vorliebe stört, findet sich als Thema schon in den ältesten Anstandsbüchern. Über Jahrhunderte hinweg verbreitete man sich über das Spucken, Schnäuzen, Niesen und Naseputzen.

»Man vermeide es, auf die Straße zu spucken«, forderte 1899 eine Manierenlehrerin mit dem sehr vornehm klingenden Namen Eufemia von Adlersfeld. Sie fand, ein Mensch mit »dieser widerwärtigen Gewohnheit« verliere sein Anrecht, »als Mitglied der guten Gesellschaft zu gelten«. Allenfalls abgewandt und abseits in den Rinnstein durfte man seine Spucke loswerden, aber nicht mitten auf dem »Trottoir«, wie man den Bürgersteig mit einem französischen Wort nannte, und keinesfalls während der Fahrt in der Eisenbahn. »Das Ausspucken im Abteil ist eine grobe Kulturlosigkeit«, steht deshalb in dem Anstandsbuch von Karlas Oma aus dem Jahr 1957.

Doch das Spucken war eine alte Gewohnheit, und viele Leute blieben lieber kulturlos als verschleimt. Noch nach dem Zweiten Weltkrieg waren in allen Eisenbahn- und Straßenbahnabteilen kleine Emailleschilder angeschraubt. Auf ihnen stand auf Italienisch, Französisch und Deutsch: »Non sputare nella carrozza«, »Défense de cracher dans la voiture« und »Nicht auf den Boden spucken«. In Ostdeutschland fuhren solche alten Bahnen noch viele Jahre lang herum, weil man sich dort neue Waggons lange Zeit nicht leisten konnte. Auch auf den Bahnhöfen überlebten einige solcher Schilder. Wer Glück hat, findet vielleicht heute noch welche.

Sogar in den Kirchen muss früher ziemlich unbefangen auf den Boden gespuckt worden sein. Wie sonst wäre ein »Anstandsbüchlein für das Volk« 1894 auf die Idee gekommen, die verschlafenen Besucher der Frühmesse zu ermahnen, nicht in den Haaren herumzuwühlen, nicht auf den Boden zu spucken und auch sonst alle Geräusche mit der Nase zu vermeiden?

Als der niederländische Gelehrte Erasmus von Rotterdam 1530 sein Benimmbuch für Knaben schrieb, verhielten sich alle Menschen noch so wie

heute manche Leute auf dem Fußballplatz – und Fred auf dem Schulweg. Auszuspucken galt als ein natürliches Bedürfnis, das man nicht unterdrücken sollte. Niemand hatte deswegen peinliche Gefühle. Die alten »Tischzuchten« (das sind gereimte Regeln über die Sitten bei Tisch) ermahnten die Tischgenossen lediglich, unter und nicht direkt auf den Tisch zu spucken. Sie sollten aufpassen, dass sie beim Ausspucken nicht versehentlich ihren Nachbarn trafen und seine Kleidung dreckig machten. Und sie mussten darauf achten, dass sie neben und nicht in die Waschschüssel spuckten, in der man sich vor dem Essen die Hände wusch.

»Du sollst dich zum Ausspucken abwenden, damit du niemanden bespuckst oder beschmutzt«, lehrte Erasmus. Nur wenn eine vornehme Person in der Nähe war, sollten die Kinder ein Tuch verwenden. Das Ausspeien zu verbieten, wäre dem Gelehrten nicht in den Sinn gekommen. »Halte den Speichel nicht zurück«, riet er seinen Schülern. Nase und Rachen sollten immer frei sein. Wenn ein Kind ausspucken musste, so sollte es unverzüglich seinen Fuß auf die Pfütze stellen und sie zertreten. Überflüssigen Schleim im Körper zu behalten oder ihn womöglich hinunterzuschlucken, hielten die Ärzte damals für gefährlich und gesundheitsschädlich.

Gute und schlechte Spucke

In der Medizinwissenschaft vertraute man auf die Lehre des griechischen Arztes Hippokrates, der vor über 2000 Jahren lebte. Er hatte im Körper des Menschen vier lebensnotwendige Säfte festgestellt. Neben dem Blut, der gelben und der schwarzen

Galle war der Schleim (Speichel und Lymphe) eine dieser Flüssigkeiten.

Hippokrates betonte die heilende Wirkung von gesundem Speichel bei kleinen Wunden, bei Augenbrennen und bei der Behandlung von Warzen. In der Bibel berichtet der Evangelist Markus sogar von einem Spuckewunder: Jesus heilte einen Blinden, indem er ihm seinen Speichel auf die Augen strich (Markus 8, Vers 23).

Jedem der vier Körpersäfte wurde eine menschliche Charaktereigenschaft zugeordnet. Blut machte fröhlich, die gelbe Galle reizbar, die schwarze Galle traurig und der Schleim träge und schwerfällig. Gesund an Leib und Seele war für Hippokrates ein Mensch dann, wenn alle vier Säfte im Gleichgewicht standen. Krank wurde man, wenn man von einer der Flüssigkeiten zu viel oder zu wenig besaß.

Die Methoden der alten Ärzte, um ein gestörtes Säfteverhältnis im Körper wieder auszugleichen, waren aus unserer Sicht ziemlich hart. Ging man zum Beispiel von einem Übermaß an Blut aus, so wurde der Kranke zur Ader gelassen. das heißt, man zapfte ihm etwas Blut ab.

Schien bei einem niedergeschlagenen oder aufbrausenden Patienten eine der beiden Gallenflüssigkeiten zu überwiegen, griffen die Ärzte zu Brech- und Abführmitteln.

Das Ausspeien von angesammeltem Schleim gehörte ebenfalls zur Therapie. »Man braucht das Spucken nicht zu unterlassen«, lehrte ein italienischer Ratgeber 1729, »und es ist sehr ungehörig, hinunterzuschlucken, was man eigentlich ausspucken müsste; das kann bei anderen Ekel erregen.«

Mit dem Spucken reinigte sich der Körper, vor allem die Lunge. Diese Vorstellung war noch im

ADERLASS

Oft war es ein Barbier (Friseur), der nebenberuflich als »Chirurgus« solche kleinen ärztlichen Eingriffe übernahm. Mit einem speziellen Schnappmesserchen ritzte er eine Blutader am Arm an und fing das Blut in einer Schüssel auf. Dicken Menschen mit hohem Blutdruck ging es oft für kurze Zeit besser nach einem Aderlass. Dünne und blasse Leute, die – wie wir heute wissen – oft unter Eisenmangel und Blutarmut leiden, fühlten sich meistens schlechter. Als der österreichische Kaiser Leopold II. 1792 hohes Fieber bekam, verordnete ihm sein Leibarzt vier Aderlässe innerhalb von 24 Stunden. Das überlebte der Kaiser nicht.

»Beim Ausspucken bedient man sich des Spucknapfes.« (1891)

19. Jahrhundert weit verbreitet. Wenn ein Lungenkranker kräftig ausspuckte, sah man ihn schon auf dem Wege der Besserung. Dass auf diese Weise die Krankheitserreger erst recht verbreitet wurden, ahnte noch niemand.

So wurde munter weitergespuckt, teils aus Gewohnheit, teils aus gesundheitlichen Gründen. Nur in der feinen Gesellschaft der Fürstenhöfe fing man allmählich an, darauf zu achten, sich beim Ausspucken nicht mehr sehen und wenigstens nicht mehr erwischen zu lassen. In den Häusern der Reichen, die mit empfindlichen Fußböden und teuren Teppichen ausgestattet waren, kam die Methode, die Spucke einfach mit dem Fuß zu verdecken, immer mehr außer Gebrauch. Doch bis die gut erzogenen

Leute das Spucken unpassend und den Schleim am Boden unangenehm fanden, dauerte es noch ziemlich lange.

Spuckreste auf dem Fußboden seien »widerwärtig und Ekel erregend«, schreibt 1885 ein Verfasser. Offenbar war er noch immer von genügend spucklustigen Zeitgenossen umgeben, die sein Buch von den »Anstandsregeln« nicht kannten. Benimmerzieher wie er empfahlen schon längst zwei Mittel, wie man den Rotz zuverlässig aus dem Körper entfernen und gleichzeitig so manierlich verschwinden lassen konnte, dass sein Anblick das Auge nicht beleidigte. Das eine war der Spucknapf, das andere das Taschentuch.

»Ich steh auf der Brücke und spuck in den Kahn, da freut sich die Spucke, dass sie Kahn fahren kann.« (Kinderlied)

Spucknäpfe für jeden Geschmack

Die billigen Spucknäpfe waren aus Blech oder Emaille, die schicken aus Porzellan. Bei ganz besonders eleganten Modellen war der Napf unter dem Deckel eines holzgeschnitzten Gestelles verborgen. Wer in seinem Haus keinen Spucknapf

DAS SPUCKEN UND DER KAUTABAK

Eine wichtige Rolle beim gewohnheitsmäßigen Spucken spielte der Kautabak. Die Matrosen galten als Profis im Weit- und Zielspucken. Auch Handwerker, Bauern und Arbeiter mochten die aromatisierten Tabakstücke. Wer kaute, musste nicht umständlich seine Pfeife anzünden und hatte die Hände frei zum Arbeiten. Ein echter amerikanischer Cowboy konnte nicht nur mit dem Lasso und der Pistole umgehen; er war auch ein Ass im Tabaksaft-Spucken. 1860 stellten von den 348 amerikanischen Tabakfabriken immer noch 335 ausschließlich Kautabak her.

besaß, der war mit seinen Manieren nicht auf der Höhe der Zeit.

Ein Spucknapf machte eine Stube keineswegs unbehaglicher. Selbst im Kinderzimmer gehörte er ganz selbstverständlich mit zur Einrichtung. Wenn »der Sandmann« in dem Märchen von Hans Christian Andersen (1805–1875) die Möbel zum Sprechen bringt, so fangen alle Gegenstände an zu plaudern, mit Ausnahme des Spucknapfes, der »bescheiden in der Ecke stand und sich bespucken ließ«.

So wurde der Spucknapf zum Alltagsgegenstand. Kein amerikanischer Saloon war mehr ohne, aber auch kein öffentliches Gebäude in Europa. In allen Amtsstuben, in sämtlichen Wirtschaften und Hotels und auch in jedem Klassenzimmer wurden Spucknäpfe aufgestellt. Es soll, so liest man, Lehrer gegeben haben, die beim Ausspucken aus meterweiter Entfernung genau in den Spucknapf trafen.

1882 entdeckte der Arzt Robert Koch in der Spucke von Lungenkranken den Erreger der Tuberkulose. Er konnte nachweisen, dass sich die Krankheit in den meisten Fällen über den Speichel verbreitet. Das kaiserliche Gesundheitsamt in Berlin startete daraufhin einen großen Verbots- und Aufklärungsfeldzug gegen das Spucken in der Öffentlichkeit. An allen öffentlichen Orten wurden Spucknäpfe aufgestellt. Ob dadurch tatsächlich weniger Leute krank geworden sind, wissen wir nicht, ganz sicher aber nahm die Lust am Ausspucken ab. Was die Manierenbücher schon vorher als »unschicklich« und als »widerliche Gewohnheit« bekämpft hatten, war nun durch die Krankheitsgefahr zusätzlich geächtet. In modernen Manierenbüchern wird das Spucken kaum noch erwähnt. »Spucken: Tut das noch jemand?« heißt es 1987.

DER BLAUE HEINRICH

Reiche Tuberkulosepatienten reisten zur Erholung in die Sanatorien in der Schweiz. Damit sie auf ihren Spaziergängen nicht überall ihre ansteckende Spucke verteilten, hatten sie einen verschließbaren Taschenspucknapf aus blauem Glas dabei. Sie nannten ihn den »Blauen Heinrich«. Er war so klein, dass er in jede Hosentasche passte.

Ist Spucken Männersache?

Karla weiß noch immer nicht, warum bei Fußballspielen gespuckt wird. Sie schickt eine E-Mail an die Pressestelle des Deutschen Fußballbundes:

Sehr geehrte Damen und Herren,
ich heiße Karla und bin 12 Jahre alt. Ich würde gerne wissen, warum die Fußballspieler dauernd auf den Rasen spucken. Die Jungen in unserer Klasse machen es nämlich auch schon, und wir Mädchen können es alle nicht ausstehen.
Mit freundlichen Grüßen

Ihre Karla Krause

Kurz darauf erhält sie tatsächlich eine Antwort

Liebe Karla,
wir bedanken uns für Dein Interesse, aber wir wissen es auch nicht genau. Eigentlich war es bei den Fußballspielern immer schon so, nur sieht man jetzt durch die Naheinstellungen der Fernsehkameras alles viel genauer. Wahrscheinlich hängt das Spucken mit der extremen körperlichen Anstrengung zusammen. Gut finden wir dieses Benehmen nicht, und wir erinnern die Spieler immer wieder daran, dass sie eine Vorbildfunktion haben. Hoffentlich hat Dir dies ein wenig geholfen.
Mit freundlichen Grüßen

Dein Presseteam

In der Schweiz ist das in der Öffentlichkeit wieder modern gewordene Spucken sogar ein Thema für die Forschung. Für die Wissenschaftler ist Spucken eindeutig »Männersache«. Sie sehen einen Zusammenhang mit der Zuwanderung von jungen Leuten aus

MEISTERSPUCKER

Auch Tiere spucken. Lamas spucken treffsicher mit einer stinkenden Magensaftmischung. So klären sie untereinander die Rangfolge in der Herde. Menschen sind nur selten ihre Ziele. Auch Orang-Utans und Schimpansen sind hervorragende Spucker. Der giftigen roten Speikobra aus Mosambik gelingt es, einem Gegner aus drei Meter Entfernung genau zwischen die Augen spucken.

anderen Ländern und damit, dass es in anderen Kulturen unterschiedliche Idealvorstellungen von Männlichkeit gibt. Mädchen, so beobachteten sie, spucken nur sehr selten und wahrscheinlich aus anderen Gründen als Jungen. Bei Mädchen bedeutet das Ausspucken tiefe Verachtung für eine andere Person. Bei Jungen sei es eher ein Gruppenritual. Ähnlich wie Hunde, die ihr Jagdrevier durch Pinkelspuren eingrenzen, markierten die männlichen Jugendlichen durch das Spucken symbolisch das Gebiet, in dem sie was zu sagen haben. So erklären es jedenfalls die Forscher.

Ausspucken gehört zum männlichen Imponiergehabe wie der Handgriff, mit dem manche Jungen ihre Genitalien in der Hose zurechtrücken. Spucken will coole Überlegenheit zeigen. Nur wer unter Stress steht, dem bleibt buchstäblich die Spucke weg. Nicht zuletzt ist Spucken eine Provokation. Der Spucker spuckt bewusst auf die Regeln für gutes Benehmen und rechnet fest mit dem Abscheu der Zuschauer. Der Anblick und das Geräusch beim Spucken garantieren die gewünschte Aufmerksamkeit, auch wenn nicht viel Sympathie dabei ist.

Daneben liegen im Spucken Reste alter magischer und mythischer Vorstellungen. Nach einer ägyptischen Schöpfungsgeschichte entstanden die ersten Geschöpfe aus einem Speichelwurf. Die Spucke hat dabei eine ähnliche Bedeutung wie das Sperma. Sie symbolisiert Fruchtbarkeit und männliche Kraft. Mit Spucke wurden in den alten Kulturen magische Kräfte gebannt, Schwüre bekräftigt und der böse Blick ferngehalten. Die Spucke auf dem Fußballrasen könnte also eine Verbindung aus Wasser, Eiweiß, Stress, Männlichkeit und Aberglauben sein.

In einigen Städten hat man wieder begonnen, Strafen für Spucken in der Öffentlichkeit zu verhängen. In manchen Jugendhäusern steht das Spuckverbot in der Hausordnung. In der Schweiz kostet das Ausspucken 50 Franken, in Köln sind es 35 Euro. Richtig teuer wird es in Singapur, da kostet es umgerechnet ungefähr 250 Euro. Sofern der Täter ertappt wird.

Wohin mit dem Rotz?

Schnupfen ist so alt wie die Menschheit und ging noch nie ohne eine laufende Nase ab. »Hüte dich, deine Nasenlöcher zu einer rinnenden Dachtraufe zu machen«, warnt ein »Sittenbuch für junge Leute« 1792. Vor der Erfindung des Taschentuches behalf sich die erkältete Welt mit der klassischen Zweifingermethode: Von oben presst man die Nasenlöcher leicht zusammen. Auf diese Weise entsteht mehr Druck beim Ausblasen und man kann besser zielen. Schnäuzte man sich nicht gleich direkt auf den Boden, so musste zum Abwischen das Innere des Mantels, die Hutkrempe oder der Ärmel herhalten. Der Spiegelschwabe, einer der Helden aus der schwäbischen Sage von den »Sieben Schwaben« heißt so, weil sein Jackenärmel vor lauter Naseabputzen glänzte wie ein Spiegel.

Zuallererst begann man sich bei Tisch der tropfenden Nasen und der »Blinklichter« auf der Oberlippe zu genieren. Die mittelalterlichen »Tischzuchten« erinnerten die Tischgenossen streng daran, nicht in das Tischtuch zu schnäuzen. Offenbar war das bisher so üblich gewesen. Sie sollten sich beim Schnäuzen abwenden und nicht dieselbe Hand benutzen, in der sie gerade das Fleisch hielten.

Taschentücher waren noch sehr rar. Nur so fortschrittliche Manierenlehrer wie Erasmus von Rotterdam sahen in ihnen eine anständige Möglichkeit, in Gesellschaft den Nasenschleim loszuwerden. »Den Nasenschleim mit einem Taschentuch herauszuholen ist schicklich«, notierte er für seine Schüler. Die meisten anderen Leute verwendeten die kleinen Stofftücher keineswegs zum Naseputzen.

»Hütet euch davor, in den Ärmel zu schnäuzen.« (1714)

Ein Tuch für viele Fälle

Die ersten Taschentücher kamen im 15. Jahrhundert an den italienischen Fürstenhöfen in Mode. Sie waren aus feinen Stoffen, reich bestickt, mit Perlen und Edelsteinen verziert und dufteten wunderbar nach Parfüm. Die Hofdamen steckten sich diese Luxusgegenstände in den Ausschnitt oder als Schmuck an den Gürtel, immer passend zu ihrer jeweiligen Garderobe. Unter den Hofleuten bot man sich das Tüchlein sogar gegenseitig an.

Lange Zeit waren Taschentücher ein Vorrecht der Adeligen. Den unteren Ständen war 1595 das Tragen eines »Fazzolettos«, wie das Taschentuch auf Italienisch heißt, noch verboten. Als der französische König Heinrich IV. (1553–1610) starb, fanden sich in seinem Erbe nur fünf Taschentücher. Erasmus von Rotterdam, als Trendsetter in Manierenfragen, besaß dagegen 39 Stück und der französische König Ludwig XIV. (1638–1715) hatte schließlich eine stattliche Sammlung. Als die kleinen, schicken Modetücher auch in rund, drei- oder vieleckig auftauchten, fand das sein Nachfahre Ludwig XVI. (1754–1793) wichtig genug für einen königlichen Erlass. Er legte 1785 fest, dass ein Taschentuch immer quadratisch zu sein hatte. Das ist bis heute so geblieben.

Das Taschentuch hatte früher viele Aufgaben. Die meisten hatten mit der Nase nichts zu tun. Im strengen spanischen Hofzeremoniell verband es beim Tanzen den Kavalier mit seiner Dame. Beide fassten einen Zipfel des Taschentuches und vermieden so jeden Hautkontakt. Eine direkte Berührung der Hände wäre als unschicklich angesehen worden.

»Biete dein Taschentuch niemandem an, wenn es nicht frisch gewaschen ist.« (1558)

v. H.

Der Universitätsprofessor Wilhelm von Humboldt schickte seiner Frau Caroline 1815 aus Paris ein Päckchen. Darin lagen zwölf Schnupftücher mit den eingestickten Buchstaben »v. H.«. »Die Sachen, die ich Dir schicke, sollen Dir, denke ich, gefallen«, schrieb er umständlich.

Am französischen Hof waren die Taschentücher Teil einer Sprache ohne Worte. Wenn eine Hofdame ihr Taschentuch vor einem Mann auf den Boden fallen ließ, war das ein klarer Annäherungsversuch. Ließ der Herr es liegen, so hatte er kein Interesse. Hob er es aber auf, um es der Dame mit einer Verbeugung zurückzugeben, so wussten alle, dass die beiden verliebt waren. Als Jeanne Antoinette Poisson ihr Tüchlein 1745 bei einem Pariser Maskenfest fallen ließ, bückte sich der französische König danach. Die Menge raunte: »Das Schnupftuch ist geworfen«. Weil alle auf diesem Ball die Taschentuch-Sprache beherrschten, wussten sie sofort, dass dieses schöne Fräulein die Geliebte des Königs werden würde. Sie wurde später bekannt als Madame Pompadour und war berühmt für ihre tadellosen Manieren.

Ein Taschentuch war eine teure Anschaffung, denn die zarten Stoffe wurden noch auf Handwebstühlen hergestellt. Es konnte das Taufgeschenk des Paten sein. Verliebte gaben sich gegenseitig prächtige Taschentücher als Unterpfand ihrer Zuneigung. In dem mit Mord und Verrat schrecklich endenden Drama, das der englische Dichter William Shakespeare über »Othello« und seine Frau Desdemona geschrieben hat, dreht sich im Grunde alles um ein verloren gegangenes Taschentuch. Es soll zierlich mit Erdbeeren bestickt gewesen sein.

Nachdem die Handweberei durch die mechanischen Webstühle ersetzt worden war und Baumwollstoffe massenhaft und billig in den Fabriken hergestellt wurden, konnten sich schließlich auch die einfacheren Bürger, Handwerker und Bauern Taschentücher leisten. Am Material des

Schnupftuches ließ sich das Einkommen ablesen. Die Reichen besaßen teure Tücher aus edler Seide. Die wohlhabenden Bürgermädchen hatten in ihrer Aussteuer gestärkte weiße Leinentücher mit eingesticktem Monogramm, also den Anfangsbuchstaben des Vor- und Nachnamens.

Handwerker und Bauern verwendeten bunte Taschentücher aus einfacher Baumwolle, wie man sie heute noch von der Zimmermannstracht kennt. Die dunklen Farbtöne waren für Leute, die sich bei der Arbeit die Hände schmutzig machten und außerdem gerne Tabak kauten, einfach praktischer. Gegen Ende des 19. Jahrhunderts war das Taschentuch als nützliches Vielzwecktuch überall üblich geworden. »Hänschen klein«, der Wanderer aus dem Kinderlied, brachte seine paar Habseligkeiten darin unter. Der Bauer, der vom Jahrmarkt Schuhnägel und Lebkuchenherzen mit nach Hause brachte, knotete seine Einkäufe in einem bunten Sacktuch zusammen.

Seine einfachste Aufgabe erhielt das Taschentuch von einem Manierenbuch aus der Zeit um 1950 aufgetragen. Junge Damen sollten es über ihr Gesicht breiten, wenn sie im Zugabteil ein Nickerchen hielten. So blieb unter dem Tuch verborgen, wenn ihnen womöglich im Schlaf unschicklich der Mund aufklappte.

Seine schlimmste Rolle hatte es, wenn bei Pistolenduellen »übers Sacktuch geschossen« wurde. Dabei fassten die beiden verfeindeten Schützen einen Zipfel des Taschentuches diagonal an und schossen gleichzeitig. Duelle auf eine so geringe Entfernung gingen nie gut aus.

Wie putzte man gebildet seine Nase?

Als im 17. Jahrhundert unter den vornehmen Hofleuten das Tabakschnupfen in Mode kam, näherte sich das Taschentuch seinem wahren Zweck. Man verbarg beim Niesen seine kitzelnde Nase darin. Sogar Könige fanden es elegant und kultiviert, mit Daumen und Zeigefinger in die Schnupftabaksdose zu fassen und das schwarze Pulver in den Nasenlöchern hochzuziehen. Aus dem Munde eines Fürsten bekam selbst das lauteste »Hatschi« etwas Edles. Außerdem glaubte man, das Niesen diene der inneren Reinigung und sei gesund. In südeuropäischen Ländern soll der Schnupftabak unter den Priestern so beliebt gewesen sein, dass die Messe dauernd von lauten Niesern unterbrochen wurde. Daraufhin verbot die Kirche das Tabakschnupfen für einige Zeit.

Mit dem Schnupftabak wurde aus dem schmückenden Taschentuch ein nützliches Schnupftuch. Man holte es alle Nase lang hervor, um nach dem Niesen die Tabaksreste abzuwischen und Rotz und Wasser aufzufangen. »Einen gebildeten Menschen, der sich keines Taschentuches bedient«, würde man »für gesellschaftlich unmöglich erklären«, steht in einem Anstandsbuch von 1899. Ein späterer Etiketteführer verlangte, dass ein Mann immer zwei brauchte: »Eines in der Hosentasche für den direkten diskreten Gebrauch, eines in der inneren Brusttasche des Jacketts für repräsentative Zwecke, etwa das Abtupfen des Mundes nach einem Schluck guten Kognaks« (1956). Die eleganten Damen waren schlechter dran. Sie verwendeten so zarte und kleine Batisttücher, dass sie »in die hohle

Hand« passten. Wenn sie eine Erkältung hatten, mussten sie sehen, wie sie damit klarkamen. Moderne Stilratgeber finden immer noch, dass ein weißes Taschentuch unbedingt zur Abendkleidung eines Herrn gehört. Das Stofftaschentuch sei »keineswegs altmodisch« geworden, liest man 2006, sondern geradezu »ein Kulturgegenstand«.

Möglichst leise und unauffällig sollte der Schleim aus der Nase in diesen »Kulturgegenstand« hineingelangen. Sich die Nase zu schnäuzen, »dass es wie eine Trompetenfanfare klingt«, galt als ungebildet. Wer nieste, dass es wie bei einer Explosion klang, wurde als »Niesungeheuer« angesehen (1900). Es gehörte zur Kunst des guten Benehmens, gerade im rechten Moment das Taschentuch zu zücken und vor die Nase zu halten. Der Grund dafür war allerdings nicht die Angst vor einer Ansteckung. Die Anstandslehrer fanden die Grimassen, die ein Niesender womöglich schnitt, einfach nur peinlich. Auch »der geistreichste Mensch macht beim Niesen ein dummes Gesicht«, urteilte eine Anstandslehrerin 1899 streng.

EINE PRISE

Ein geübter Schnupfer streut zwei Prisen Tabakpulver auf den Handrücken der linken Faust. Damit nichts verwackelt, spreizt er den Daumen und den kleinen Finger ab und zieht dann in jedem Nasenloch einen Pulverhügel hoch. Inzwischen gilt das Tabakschnupfen als eine Marotte, wie man etwas seltsame Angewohnheiten auch nennt. Die meisten Leute kennen den Ausdruck »eine Prise nehmen« jedenfalls nur noch aus den Gedichten von Wilhelm Busch oder aus volkstümlichen Theaterstücken.

Hallo Karla,
Ekel-Fred ist die reinste Virenschleuder. Geh auf keinen Fall bei ihm vorbei. Er niest wie ein Springbrunnen und schnäuzt sich wie ein Elefant. Du kannst Dir nicht vorstellen, wie viele verrotzte Papiertaschentücher um sein Bett herumliegen. Ich habe ihm die Hausaufgaben gebracht und bin geflüchtet, so schnell ich konnte.

Annabell

Ob man auf ein herzhaftes Hatschi reagieren darf, wird unter Manierenexperten immer wieder neu diskutiert. Während die einen bei allen unwillkürlichen Körpergeräuschen am liebsten so tun würden, als hätten sie nichts gehört, finden es andere ein Zeichen herzlicher Anteilnahme, einem Niesenden »Gesundheit« zu wünschen.

Damit vom schleimigen Inhalt nichts sichtbar wurde, gehörte auch das Einstecken des gebrauchten Taschentuches zum Manierentraining. Ein Anstandsbuch erklärt, worauf man zu achten hatte: »Schlage, ohne die gebrauchte Stelle zu besehen, die Zipfel des Tuches mit einer leichten Wendung der Hand nach innen, rolle es zusammen und stecke es sofort wieder in die Tasche. Man darf es nicht in der Hand behalten, nicht damit schwenken oder es auf irgendein Möbel legen« (1885).

Junge Mädchen seien oft so »unfein«, klagte 1957 ein »ABC des guten Benehmens für die heranwachsende Jugend«. Sie steckten sich das Taschentuch in den Ausschnitt oder ließen es nachlässig herumliegen. Nur, welche Wahl hatten sie? In den Mädchenröcken gab es einfach keine Taschen.

Viren mögen es warm und feucht

Liebe Karla!
Verschnupfte Grüße aus Sydney. Es ist traumhaft hier. David will mir das Surfen beibringen. Aber im Augenblick habe ich eine fiese Erkältung. Die Papiertücher hier sind so dünn, dass ich drei übereinander legen muss und täglich mindestens zwei Kästen verbrauche. Zum Glück hat Oma mich überredet, ein paar der guten alten Stofftaschentücher einzupacken. Jetzt bin ich dauernd am Waschen. Sag ihr herzliche Grüße von mir.

Bis bald, Sarah

1929 wurde das erste Papiertaschentuch zum Patent angemeldet. Der Nürnberger Fabrikant Oskar Rosenfelder nannte es »Tempo«. Zum ersten Mal in der Geschichte gab es Taschentücher, die man nach dem Schnäuzen einfach wegwerfen konnte. Das ganze umständliche Einweichen, Waschen, Bügeln und Stärken fiel nun weg. Ihr Nachteil war, dass sie Geld kosteten. Karlas Oma erinnert sich noch gut an die Berge von Taschentüchern, die ihre Mutter an jedem Waschtag in ihrem Wäschekorb hatte.

Würde man allerdings die etwa dreihundert bekannten Schnupfenviren nach ihrer bevorzugten Lebensunterlage befragen, sie würden sich zweifellos für die alten Stofftücher und die traditionellen Manierenregeln entscheiden. Ein am liebsten mehrfach benutztes Stofftaschentuch in einer warmen Hosentasche ist ein wahres Paradies für Krankheitserreger. Hier können die Viren und Bazillen bis zu zwei Tage lang aktiv bleiben.

Das Manierengebot, bei Niesanfällen schicklich eine Hand vor den Mund zu halten, hätte ebenfalls den vollen Beifall der Viren. Spätestens bei der nächsten Begrüßung können sie so auch andere Leute anstecken. Die meisten Menschen sind Rechtshänder, und Erkältungsviren werden oft über die Hände weitergegeben. Moderne Benimmexperten raten darum, lieber die linke Hand vorzuhalten, wenn bei einer Niesattacke kein Papiertaschentuch griffbereit ist. Der Schleim fliegt beim Niesen mit rund 160 Stundenkilometern durch die Nasenlöcher. Das entspricht der Geschwindigkeit eines ordentlichen Orkans!

Hals-, Nasen- und Ohrenärzte fanden heraus, dass unterdrücktes Niesen und trompetenartiges Ausschnäuzen schädliche Wirkung haben können. Im schlimmsten Fall werden dabei die Krankheitserreger in die Nasennebenhöhlen und in den Gehörgang gepresst. Manche Mediziner meinen sogar, es wäre gesünder, den infektiösen Schnupfenschleim hochzuziehen oder runterzuschlucken. Die scharfe Magensäure werde lässig mit den Viren fertig. Als letzte und radikalste Alternative zum Schnäuzen in Taschentücher schlagen sie vor, wieder zum mittelalterlichen Ausspucken zurückzukehren. Weit weg auf dem Boden sei die Überlebensfähigkeit der Viren und damit die Ansteckungsgefahr noch am geringsten. Ob sie Fred und die spuckenden Fußballspieler als Vorreiter neuer Manieren sehen, verraten sie nicht.

In allen Kulturen gibt es Regeln fürs Spucken und Schnäuzen. Gläubige Moslems reinigen sich die Nase vor jedem Gebet, indem sie aus der hohlen Hand dreimal nacheinander Wasser hochziehen und es wieder ausschnäuzen. Das gehört zu den rituellen Reinigungsgeboten des Propheten Mohammed. Neben den Füßen, dem Gesicht, den Händen und den Ohren werden auch Mund und

MIT TEMPO GEGEN DEN SCHNUPFEN

Am Anfang waren sie noch hart und ziemlich kratzig, trotzdem setzten sie sich bald durch. »Tempo« ist in der Umgangssprache der Name für alle Sorten von Papiertaschentüchern geworden. 2004 stellte die Firma 20 Milliarden Taschentücher her. Ausgebreitet und nebeneinander gelegt ergäbe das einen Gürtel in Autobahnbreite einmal rund um die Erde. Umweltschützer kritisieren, dass für die Produktion der Zellstofftücher sehr viele Bäume abgeholzt werden.

Nase gründlich gesäubert. Diese Nasenwasserspülung soll auch besser vor Schnupfen schützen. Falls ein Moslem aber doch einmal erkältet ist, zieht er es vor, ins Badezimmer zu gehen anstatt zum Taschentuch zu greifen.

In Japan und China müssen sich naseputzende Europäer viele schiefe Blicke gefallen lassen. Ein Taschentuch zu benutzen, gilt vor allem bei Tisch als extrem unhöflich. Chinesen, die als Touristen nach Europa kommen, tun sich furchtbar schwer mit den Taschentüchern, die ihnen überall begegnen und die sie furchtbar unappetitlich finden. Den Naseninhalt hochzuziehen, gilt in Asien als Zeichen der Selbstbeherrschung. Bis in die jüngste Zeit war es – mit und ohne Spucknapf – üblich, den Schleim aus Mund und Nase überall auszuspucken. Erst als die Ansteckung durch die Lungenkrankheit SARS drohte, verbot die chinesische Regierung das Spucken in der Öffentlichkeit. Wie einst in den europäischen Eisenbahnabteilen gibt es an vielen Orten Asiens Verbotsschilder. Das »Amt für den Aufbau der geistigen Zivilisation« in Peking startete 2007 eine Kampagne über das »richtige Spucken«: in ein Papiertaschentuch, das dann in den Müll kommt.

Warum essen wir nicht mehr mit den Fingern?

Wenn wir in der Pause kein Vesperbrot dabei hatten und es dann zu Hause mittags Kaiserschmarrn gibt, kann es vorkommen, dass wir ein paar unserer guten Manieren vergessen. In solchen Notfällen verzichten wir in der Eile auf Teller und Besteck, zumindest bis der schlimmste Hunger weg ist. Im 16. und 17. Jahrhundert war es ganz normal, dass selbst die vornehmsten Leute aus den feinsten Häusern mit den Fingern in die Schüsseln fassten. Und das hatte nichts damit zu tun, dass sie besonders gierig gewesen wären.

Drei Finger und ein Messer

Liebe Oma!
Gestern war ich bei Jasminda. Sie kommt aus Indien. Bei ihr zu Hause essen alle mit den Fingern. Es geht ganz leicht, und wenn es einem gut schmeckt, darf man schlürfen. Das Hühnchen war sehr gut.
Du könntest Dein vornehmes Silberbesteck eigentlich verkaufen.

Grüße von Deiner Karla

Meine liebe Karla,
ich hänge sehr an meinem Silberbesteck. Es ist ein Teil meiner Aussteuer. Zu fast jedem Geburtstag bekam ich als Kind ein Messer, einen Löffel oder eine Gabel geschenkt, so lange, bis das Besteck an meiner Hochzeit schließlich vollständig war. Weißt Du noch, wie schön der Tisch an Weihnachten aussah mit den blütenweißen Tischdecken, den bestickten Servietten und den Leuchtern? Ein feines Essen und ein fein gedeckter Tisch gehören nun mal zusammen. Aber vielleicht kann ich auf die Messerbänkchen verzichten. Ich denke darüber nach. Mit den Fingern zu essen, ist für mich überhaupt keine angenehme Vorstellung. Ich bin gar nicht böse, dass ich nicht bei Jasminda eingeladen war und grüße Dich herzlich

Deine Großmutter

In Indien ist das Händewaschen vor dem Essen sehr wichtig, denn dort isst man in den meisten Häusern ohne Besteck. Die drei Finger der rechten Hand ersetzen Messer und Gabel. Was zu saftig oder zu bröselig ist, wird mit einem Fetzen Fladenbrot angefasst. Die linke Hand darf unter keinen Umständen mit dem Essen in Berührung kommen, denn mit ihr wischt man sich den Po ab. Diese

Reinlichkeitsvorschriften gelten auch in allen islamischen Ländern. Nicht einmal Linkshänder, die automatisch mit der Linken zugreifen würden, dürfen dabei einen Fehler machen.

Im Weltmaßstab gemessen haben die meisten Leute ähnliche Tischsitten wie Jasmindas Familie. 4,2 Milliarden Menschen auf der ganzen Welt essen mit den Händen und 1,2 Milliarden benutzen Stäbchen. Nur 900 000 Millionen Menschen essen mit Besteck, und die Geschichte von Messer und Gabel ist auch in Europa kürzer als die meisten vermutlich denken.

Als Erasmus von Rotterdam im 16. Jahrhundert über die Tischsitten nachdachte, waren so fortgeschrittene Essgeräte wie Gabeln noch völlig unbekannt. Auch fest gezimmerte Esstische waren noch nicht üblich. Bei größeren Festen legte man einfach lange Bretter über Holzböcke und bedeckte sie mit großen Tüchern, die auf beiden Seiten fast bis auf den Boden hingen, und fertig war der Tisch. Solch eine Tafel war schnell gedeckt: »Rechts der Becher und das Messer, links das Brot«, schrieb Erasmus. Es gab noch sehr wenig Geschirr. Nicht immer hatte jeder Gast einen Teller für sich allein, und oft tranken zwei Leute aus einem Becher.

Viele der Tischgenossen brachten einen eigenen Löffel und ein eigenes Messer mit. Mit dem Löffel schöpften sie die Suppen und Soßen aus den gemeinsamen Schüsseln. Niemand störte es, wenn man das Messer des Nachbarn auslieh oder etwas von seinem Löffel probierte. Wenn ein Gast mit seinem Messer ein ordentliches Stück vom Braten absäbelte und auf einem Stück Brot zu seinem Teller balancierte, war er ein Beispiel für gutes Benehmen. Schließlich hatte er das Fleisch nicht einfach mit den bloßen Händen abgerissen. Das hätte man bereits in der Zeit des Erasmus unfein gefunden. Doch beim Essen folgten alle noch der Drei-Finger-Regel. »Das Kind muss sein Fleisch auf seinem Teller in kleine Stücke schneiden und dann mit den drei Fingern der rechten Hand zum Mund führen« (1560). Zum Saubermachen der schmierigen Finger gab es Waschschüsseln und Mundtücher. Man durfte sie aber auch am saugfähigen Brot abputzen.

So machten es alle. Vom König bis zur Bauernmagd aß jedermann mit den Händen. Karlas Freund Fred, der alle Essensgeräte außer seinem Taschenmesser überflüssig findet, wäre bei einer Essenseinladung im 16. Jahrhundert wahrscheinlich nicht groß aufgefallen.

»Wisch deine Fettfinger an einem Stück Brot ab.« (1714)

Erasmus von Rotterdam kam bei seinen Reisen in Europa viel herum. Er lebte an Fürstenhöfen, unterrichtete Prinzen, aber er übernachtete auch in einfachen Herbergen. Wenn er unterwegs die Leute beobachtete, fand er von seinem Ideal der Zurückhaltung und Mäßigung noch sehr wenig verwirklicht. Einmal erzählt er, wie es in einem deutschen Wirtshaus zuging: Mindestens achtzig Leute sitzen in der engen Gaststube zusammen, Edelleute und einfaches Volk, Frauen, Männer und Kinder, alle durcheinander. Ein durchreisender Fremder – wie Erasmus einer war – wird aufdringlich angeglotzt wie ein Wundertier aus Afrika. Die Gäste reden, lachen und schreien, und jeder macht, wonach ihm gerade ist. Einer wäscht seine Kleider und hängt sie am Ofen auf, ein anderer putzt auf dem Tisch seine Stiefel. Die Gerüche sind scheußlich und überall wird hingespuckt. Der Raum ist überheizt und alle schwitzen. Dann wird das Essen aufgetragen. Die

Tische sind schmutzig, Besteck gibt es keines. Jeder taucht sein Brot in die gemeinsame Schüssel, beißt ab und tunkt von neuem. Unter den Tischen balgen sich – so war das übrigens auch bei herrschaftlichen Festen – die Hunde und Katzen um die Brocken, die man oben ungenießbar fand und einfach fallen ließ.

Ein italienischer Beobachter aus dieser Zeit wird noch deutlicher. Er schildert, wie manche der Esser »wie Säue mit dem Rüssel in der Suppen liegen« und »nicht essen, sondern fressen«, bis ihnen der Schweiß über die Stirn bis an den Hals »heruntertrüpfet«. Die Hände sind bis zu den Ellenbogen beschmutzt. Mit den Servietten, die dreckig sind wie Küchenlappen, wischen sich »solche Unfläter« (Dreckspatzen) den Schweiß ab und schnäuzen selbst ihre Nase damit.

Für Erasmus von Rotterdam war das ungezügelte Verhalten beim Essen keine Formsache. Er schloss daraus, dass sich seine Mitmenschen auch sonst nicht beherrschen konnten. Umso wichtiger war es ihm, dass seine Schüler neben Lesen und Schreiben, Religion und Latein von Anfang an auch rücksichtsvolle Umgangsformen lernten. Das gute Benehmen fand er wichtig für die Charaktererziehung der Kinder.

Am Essen im Wirtshaus störte den niederländischen Gelehrten nicht, dass der Raum eng war und

ANTIKE MANIEREN

Die Hauptmahlzeit fand nachmittags statt. Kein griechischer Gastgeber hätte auf unpünktliche Gäste gewartet. Man lagerte halbsitzend auf der linken Seite, damit die rechte Hand zum Essen frei war. Bis zu drei Gäste teilten sich halbschräg gestaffelt eine Liege. Sklaven wuschen den Gästen die Füße und brachten Wasser zum Händewaschen. Sie waren es auch meistens, die das Essen zubereiteten und in mundgerechten Stücken auf den Tisch brachten. Weil es noch kein Besteck gab, führte man die Speisen vorsichtig mit den Fingern zum Mund. Für besonders heißes Essen benutzte man Handschuhe oder auch Fingerhüte aus Horn. Die Hände wischte man an Servietten oder an Brot ab, das dann die Hunde bekamen.

das Besteck fehlte, sondern die tierische Gier. Er riet seinen Schülern, niemals sofort über das Essen herzufallen. »Nur Wölfe tun das«, sagte er. Vielleicht dachte er dabei auch an die von ihm verehrten Griechen und Römer, die beim Essen entspannt auf ihren Liegen ruhten und bei denen schon die gelassene Haltung eine viehische Fresserei zu verbieten schien.

Bei einem Essen in Gesellschaft sollten die Knaben erst einmal schauen, wer sonst noch am Tisch saß. Vor Höhergestellten sollten sie nämlich den

Hut abnehmen. Dann sollten sie sich vergewissern, ob die eigenen Haare gut gekämmt waren und sich danach die Serviette über den Arm legen. »Man muss eine Weile warten, damit der Knabe sich daran gewöhnt, sein Verlangen zu beherrschen«, sagte Erasmus. Kinder, die ihre Esslust zügeln konnten, fand er nicht nur besser erzogen. Sie verbrannten sich auch seltener den Mund: Wer sich als Erster auf eine Speise stürzte, dem konnte es passieren, dass er mit dem glühendheißen Brocken im Mund entweder fürchterliche Grimassen schnitt oder seine Beute wieder ausspucken musste. Ein solcher Gierschlund kam Erasmus »lächerlich und bedauernswert« vor.

Das Fleisch ist am wichtigsten

Heute produzieren große Tierfarmen Fleisch in Massen. Hühnchen, Steak und Schnitzel sind für uns nichts Besonderes mehr. Früher war Fleisch das kostbarste Nahrungsmittel überhaupt. Die Bauern hatten nicht so viele Tiere, und es dauerte lange, bis ein Vieh schlachtreif gemästet war. Um ein Wildschwein zu fangen oder einen fetten Fisch zu erwischen, brauchte man viel Zeit oder Glück. Bei den meisten Leuten kam Fleisch nur selten auf den Tisch. Selbst Karlas Großmutter, die mit ihren Erinnerungen nicht sehr weit in die Geschichte zurückreicht, erzählt oft, wie sie sich als Kind auf den Braten am Sonntag freute. Erst das Fleisch machte aus dem Essen ein Fest.

In den Jahrhunderten davor war die Lage noch viel extremer. Durch schlechte Ernten oder Tierseuchen entstanden immer wieder schreckliche Hungersnöte. Trotzdem wurde bei den Festen der Adeligen Fleisch in solchen Mengen verbraucht, dass heute wahrscheinlich sogar argentinische Rinderzüchter überrascht wären. Auf den Tischen der Reichen türmte sich das Fleisch zu wahren Pyramiden. Die Untertanen müssen über diese Verschwendung nur so gestaunt haben. Als der Markgraf von Baden 1447 Hochzeit hielt, wurden 100 Ochsen, 1500 Kälber, 8000 Gänse, 17 000 Hühner und zahllose Tauben geschlachtet. Die ungefähr 150 000 Liter Wein, die während der Festtage getrunken wurden, flossen aus eigens gebauten Weinbrunnen.

Das berühmteste Bankett, wie man die fürstlichen Festessen nannte, veranstaltete der Herzog von Burgund 1454 für seine Geliebte Lilla. Es soll fast 400 Gänge gehabt haben. Das Essen wurde in prunkvollem Geschirr aufgetragen und war zu kolossalen Skulpturen aufgetürmt. Der zweite Gang etwa war eine Pastete. Die war so gewaltig, dass über zwanzig Musikanten, die auf verschiedenen Instrumenten spielten, darin Platz fanden.

Von anderen Festen in jener Zeit wird berichtet, dass die Diener zwischen den Fleisch- und Fischgängen vergoldete Backwerke hereintrugen, die wie mehrstöckige Türme aussahen und in denen lebendige Vögel herumflatterten. Es konnte vorkommen, dass in einem der Kuchen – natürlich erst nach dem Backen – ein zwergwüchsiger Mensch versteckt wurde, der dann auf der Tafel heraussprang und Leckereien anbot. Solche Festspeisen waren vor allem für die Augen da und hießen deshalb »Schauessen«. Allen

voran die Zuckerbäcker brachten die Gäste mit ihrer Kunst zum Staunen. Sie bauten aus Tragant, wie eine besonders harte Zuckersorte heißt, ganze Landschaften, Städte, Schiffe und Theaterszenen nach.

Diese gewaltigen Schmausereien fanden nicht etwa heimlich statt. Sie wurden wie ein Schauspiel vor aller Augen aufgeführt. Der französische König Ludwig XIV. speiste tagaus, tagein vor Publikum. Um als Zuschauer eingelassen zu werden, brauchten die Pariser nur einen Hut und einen Degen. Und den konnten sie sich notfalls auch leihen.

Manchmal dauerten die Feste der Fürsten wochenlang. Dabei konnten sich die Untertanen hinter einer Absperrung, aber doch ganz aus der Nähe anschauen, wie reich, mächtig und großzügig ihr Herrscher war. Denn wenn das Bankett zu Ende war, bekamen sie die Reste.

Die Mächtigen hatten oft einen mächtigen Appetit und einen entsprechend mächtigen Bauchumfang. Aber bei der großen Auswahl an Leckerbissen begannen sie wählerisch zu werden. Um nicht schon auf halber Strecke satt zu sein, verlangte der dicke Herzog von Braunschweig 1521 beim Reichstag zu Worms, wo sich alle wichtigen Herrscher trafen, dass man ihm die gesamte Speisenfolge des Banketts aufschrieb. Er wollte sich seine Fresslust für seine Leibspeisen aufsparen. So entstand übrigens die erste Speisekarte. Seine Tischmanieren waren allerdings noch ganz zeitgemäß. Der dicke Herzog nahm wie jedermann um ihn herum ungeniert seine Finger.

Wer ist der größte Aufschneider?

Die gebratenen Tiere wurden – wie auf den Bildern vom Schlaraffenland – als Ganzes serviert. Die Diener schleppten am Spieß gebratene Ochsen, Schweine und Lämmer in den Speisesaal. Dazu kamen riesige Mengen an Fisch und Wild. Vor allem das Fleisch der Wildtiere gehörte zu den besonders begehrten Leckerbissen, weil nur die Adeligen das Vorrecht hatten zu jagen. Sogar Igel, Raben, Murmeltiere und Bären galten als Delikatessen.

»Von Kindheit an muss die Technik des Zerlegens gelernt werden.« (1530)

Wenn es Geflügel gab, wurden den gebratenen Fasanen, Schwänen, Störchen und Pfauen vor dem Servieren zum Schmuck die Federn wieder angesteckt. Den fertig gebratenen Rehen und Hasen zog man sorgsam ihr Fell wieder an. Je echter sie aussahen, desto besser gefielen sie den Tafelnden.

Vor aller Augen wurden die Tiere dann direkt auf dem Tisch »tranchiert«, was so viel heißt wie »in Scheiben geschnitten«. Dieses Vorschneiden war eine sehr ehrenvolle Aufgabe, und das elegante Auslösen der Fleischstücke gehörte zur Manierenerziehung der adeligen Söhne. »Es ist äußerst notwendig für das Kind, von Jugend an zu lernen, eine Rehkeule, ein Rebhuhn, einen Hasen oder Vergleichbares zu zerlegen«, heißt es 1560.

Weil alle dabei zuschauten, suchte man nicht nur vornehme, sondern auch besonders hübsche junge Männer dafür aus. Der Vorschneider musste den Körper und den Muskelaufbau der Tiere genau kennen, und es gab ganze Bücher, die das Tranchieren ausführlich erklärten. Besonders geschickte Tranchierer schafften es, ein aufgespießtes Huhn mit einer Hand in Portionen zu zerlegen. Als dann auch weniger vornehme Leute solche Tricks beherrschten, fand man sie in den eleganten Kreisen plötzlich billig und unpassend. Der Ausdruck »Aufschneider« wurde von da an zum Schimpfwort für einen Angeber.

Noch im 19. Jahrhundert war das Tranchieren neben Reiten und Fechten ein Studienfach an der Universität in Göttingen. Zukünftige Akademiker, die etwas auf ihre guten Manieren hielten, hörten Vorlesungen darüber.

Ein bisschen von seiner alten Ehre hat das Vorschneiden noch immer an sich. Bis in unsere Tage hinein empfinden selbst küchenferne Männer, die sonst nie einen Kochlöffel anrühren, das kunstgerechte Auseinandersäbeln der Weihnachtsgans oder des Truthahns als ihr besonderes Vorrecht. Immer wenn Karlas Oma sich daran erinnert, wie geschickt ihr verstorbener Mann früher den Silvesterkarpfen zerlegte, bekommt sie ganz verträumte Augen: »Nicht eine Gräte kam ihm auf die Teller, aber auch nicht eine einzige!«, murmelt sie dann. Ganz nebenbei bemerkt hat der richtige Schnitt auch Folgen für den Genuss: Fleisch, das nicht gegen die Faserrichtung geschnitten wird, beißt sich reichlich zäh.

Warum sind die Messer vorne rund?

Selbst Könige und Fürsten hielten beim Essen die Fleischstücke mit Daumen, Zeige- und Mittelfinger der rechten Hand. Das scharfe und spitze Messer verwendeten die Tafelgäste nur zum Fleischabschneiden und Zerteilen. Weil es sehr gefährlich aussah und vielleicht auch gefährlich werden konnte, warnten die Manierenlehrer dringend davor, das Essen aufgespießt auf dem Messer in den Mund zu schieben, mit dem Messer zwischen den Zähnen herumzustochern oder auch nur während der Unterhaltung zufällig mit der Messerspitze auf einen Tischgenossen zu zeigen. Sofort nach dem Abschneiden sollte man es wieder aus der Hand legen. Wenn ein Kind ein Messer verlangt, so schreibt ein Manierenlehrer 1560, so soll man es ihm so zureichen, dass man die Spitze in der Hand behält und ihm den harmlosen Knauf zum Anfassen bietet.

Die furchteinflößend zugespitzte Schneide des Messers erinnerte die Esser daran, dass sie eigentlich eine Waffe benutzten. Mit den damaligen Messern konnte man nicht nur Äpfel schälen, sondern auch schlachten, zustechen, verletzen und töten. Das war ein unangenehmer Gedanke, den man beim Essen irgendwann nicht mehr haben wollte. Chinesen, die mit ihren zierlichen Stäbchen das Fleisch nur kleingeschnippelt zu sich nehmen, fanden die Essgewohnheiten der Europäer schon immer barbarisch. »Sie essen mit Schwertern«, sagten sie.

Im Lauf der Zeit wurden die Messer für den Tischgebrauch vorne friedfertig abgerundet. Vom Gefühl der »messerscharfen« Gefahr ist nur ein winziger Rest übrig geblieben. Bis heute achtet die

Bedienung beim Tischdecken in Restaurants darauf, dass die Schneiden der Messer nach innen zum Tellerrand hin ausgerichtet sind und niemals angriffslustig zum Tischnachbarn hinüberzeigen. Besonders zahm wurde das Speisemesser, als es im 19. Jahrhundert zum Ausruhen ein eigenes Messerbänkchen bekam. »Gabel und Messer lege man auf das Messerböckchen« (1887), um so das Tischtuch vor Soßenflecken zu schützen.

»Richte das Messer nicht auf dein Gesicht.« (1493)

Heute haben wahrscheinlich nur noch Manierenperfektionisten wie Karlas Großmutter Messerbänkchen in ihrer Besteckschublade.

Zahnstocher mit und ohne Pelz

Die kleinen Spalten zwischen den Zähnen, in denen sich Speisereste verfangen können, waren früher – bevor es die moderne Zahnheilkunde und Zahnspangen gab – nicht nur häufiger, sondern auch größer. Mit unregelmäßig gewachsenen Zähnen und ihren Zwischenräumen musste man leben. Krank gewordene Zähne riss der Barbier einfach aus.

TÄUSCHUNGSMANÖVER

Don Quijote, der berühmte und ein bisschen verrückte Ritter aus dem Roman von Miguel Cervantes, tat nur so, als würde er seine Zähne reinigen. Er stocherte zwischen seinen Zähnen herum, um den Anschein zu erwecken, dass er gerade erst eine große Portion Fleisch verdrückt hatte. Niemand sollte merken, wie arm er war und dass er nichts gegessen hatte. Geschichten von solchem Scheinstochern erzählt man sich auch in Griechenland, das früher zu einem der armen Länder Europas gehörte.

Zahnbürsten sind eine ziemlich späte Erfindung. In China verwendete man schon um 1500 Schweineborstenpinsel zum Putzen, und 1780 begann in England eine Firma, teure Zahnbürsten aus Knochen und Kuhborsten herzustellen.

Doch die meisten Menschen machten ihre Zähne mit Wasser, Schwämmchen und vor allem mit Zahnstochern sauber, eine Methode, die auch Erasmus von Rotterdam seinen adeligen Schülern empfahl. Hölzerne Zahnstocher sind seit über 3000 Jahren auf der ganzen Welt bekannt.

Vom 17. Jahrhundert an wurden Zahnstocher aus Silber und Elfenbein teure Luxus- und Modeartikel. Elegante Damen und Herren trugen kleine Sets von Zahnstochern und Ohrlöffelchen an einer Kette um den Hals. Sie waren ausklappbar wie bei einem Taschenmesser.

Als elegantes »Herrengeschenk« gibt es heute noch für etwa 50 Euro silberne Zahnstocher zu kaufen. Das noble Exemplar für den Winter mit Pelzbesatz existiert allerdings vermutlich nur im Nachlass des Münchner Komikers Karl Valentin.

Ob man den Zahnstocher bei Tisch offen oder heimlich hinter vorgehaltener Serviette verwenden

OHRLÖFFEL

Der Naturforscher Georg Forster (1754–1794) war viel auf Reisen. Einmal schickte er seiner sechsjährigen Tochter ein Päckchen mit Gegenständen, die er für ein kleines Mädchen wichtig fand: ein Taschentuch, einen Fingerhut, Nadel und Schere und einen kleinen Spiegel, in dem sie nachschauen konnte, ob sie sauber gewaschen war. Außerdem ein Ohrlöffelchen, um das Schmalz aus den Ohren zu graben.

soll, darüber gehen die Manierenmeinungen bis heute auseinander. Während in Mittelmeerländern ganz selbstverständlich Zahnstocher – inzwischen einzeln und hygienisch verpackt – zur Benützung auf dem Tisch stehen, sind die nordeuropäischen Anstandslehrer einmütig dagegen: Der Zahnstocher sei eine »Unsitte« (1915) und »unschön« (1921), man solle »am besten gar nicht« stochern (1949) oder dazu aufs Klo gehen (1957). Ohne vorgehaltene Hand im Mund herumzustochern, findet ein Benimmbuch von 1987 »eklig«, mit vorgehaltener Hand dagegen »spießig« und rät am ehesten zur Variante von 1957.

Nur der Teufel benützte eine Gabel

Mit der Gabel konnten sich die eleganten Esser lange Zeit nicht anfreunden, obwohl es sie bereits im 11. Jahrhundert gab. Die Haremsdamen im Orient verwendeten beim Naschen der siruptriefenden Süßigkeiten schon kleine Gabeln. Um beim Essen von Brombeeren und Kirschen keine blauen Finger zu kriegen, kamen im 15. Jahrhundert in Venedig Konfektgabeln in Mode.

Es wurde viel diskutiert um die Gabeln. Man verspottete sie als gekünstelt, weibisch und lächerlich. Herzog Karl von Savoyen (1486–1553), der sonst sehr viel Wert auf prunkvolles Tafelgerät legte, besaß in seinem Haushalt nur eine einzige Gabel. Auch der Reformator Martin Luther (1483–1546) hielt nicht viel von der umständlichen neuen Sitte: »Gott behüte mich vor Gäbelchen«, klagte er. In italienischen Tischregeln liest man noch hundert Jahre später: »Hat uns die Natur nicht fünf Finger

BESTECK

Viele Reisende hatten ihre privaten Essgeräte dabei. »Besteck« ist der Name für das lederne Futteral, das sie am Gürtel trugen und in das Löffel, Messer, Gabel und manchmal auch Zahnstocher und Ohrlöffel hineingesteckt wurden.

an jeder Hand geschenkt? Warum wollen wir sie mit jenen dummen Instrumenten beleidigen, die eher dazu geschaffen sind, Heu aufzuladen als das Essen?« Ein echter Mann nahm jedenfalls lange Zeit keine Gabel in die Hand. Den Matrosen der britischen Marine war angeblich noch um 1900 herum das Essen mit Besteck verboten, weil das undiszipliniert und unmännlich sei.

Die schärfste Gabelkritik kam lange Zeit von der Kirche, denn die Gabel wurde als das Handwerkszeug des Teufels angesehen. Auf vielen Bildern hält der Satan eine Gabel mit drei Zinken in der Hand. Ein solches Höllengerät bei Tisch zu verwenden, erschien als gottloser Frevel.

Solange jeder mit den Fingern aß, waren glitschige, klebrige und fettige Hände unvermeidlich. Das wurde zum Problem, als Sauberkeit und Mäßigung zu Erziehungszielen wurden. Erasmus von Rotterdam missfiel besonders, wenn seine Schüler die Knochen zum Abnagen mit den Händen anfassten. »Keineswegs darf das Kind die Knochen abnagen, wie es die Hunde tun«. Die triefenden Pfoten abzulecken oder an der Kleidung abzuwischen, »ist gleichermaßen ungehörig«, sagte er. Er empfahl schon 1530 die Serviette. Mit der Zeit empfanden die Tischgenossen ihre verschmierten Hände tatsächlich als unangenehm, und so fiel es ihnen leicht, sich an die Gabel zu gewöhnen. 1774 lehrte schließlich ein Benimmbuch: »Nichts ist unsauberer, als sich die Finger abzulecken, Fleischstücke anzufassen und sie mit der Hand zum Munde zu führen und mit dem Finger in Soßen zu rühren.«

Die früher verachtete Gabel wurde im 18. Jahrhundert immer mehr zu einem Zeichen von Vornehmheit und Luxus. Es gab kostbare Gabeln aus Gold, Silber und mit Edelsteinen verziert. Von nun an gehörte sie wie der Teller, der Löffel und das Messer zu einem perfekten Gedeck.

Als sie dann vier Zinken bekam, so wie wir sie auch heute noch verwenden, konnte offenbar auch der Teufel nicht mehr viel mit ihr anfangen. Die Gabel war eine ideale Erfindung, um sich soßenschlüpfriges Essen vom Leib zu halten. Die Hände blieben sauber, ebenso die Krägen, die gerade in Mode kamen und so breit waren, dass man sie »Mühlrad-Kragen« nannte. Es sei denn, die Ladung stürzte unterwegs ab. Der Umgang mit der Gabel war noch immer »verteufelt« und brauchte viel Übung.

1797 erklärte ein »Leitfaden für Anstand« den »Jünglingen«, die er – höflich, wie er war – mit Sie anredete, dass sie die Gabel immer in der linken Hand lassen sollten. Der Autor fand es umständlich, nach jedem Abschneiden die Gabel nach rechts »herüberzuspielen«, um das Essen aufzuspießen und in den Mund zu schieben. »Lernen Sie bei dem Essen die linke Hand so gut wie die rechte gebrauchen«, riet er. Es dauerte lange, bis die Linke schließlich die »gewisse ungezwungene Zierlichkeit« beherrschte, von der ein Manierenlehrer 1895 sprach.

Hi Annabell,
meine Austauschschülerin auș Southampton ist jetzt da. Wir sind gleich alle zusammen essen gegangen. Holly ist superhöflich und sagt in einem fort yes, please und no, thank you. Wahrscheinlich will sie einen guten Eindruck machen. Aber sie isst nicht mit Messer und Gabel. Sie hat das ganze Schnitzel in Stückchen geschnitten und dann einhändig mit der Gabel aufgefuttert. Ich habe es gleich nachgemacht, English style, weißt du. Kommst Du morgen?

Love, Deine Karla

BESTECKSPRACHE

Messer und Gabel mit gekreuzten Spitzen auf dem Teller abzulegen, heißt für den aufmerksamen Kellner, dass der Esser Nachschlag wünscht. Parallel abgelegtes Besteck bedeutet Sättigung. Sind die Essgeräte nach links unten ausgerichtet, signalisiert das angeblich Kritik am Essen, nach rechts Zufriedenheit.

In England und Amerika hat sich die Rechtslastigkeit in den Tischmanieren erhalten. Dort ist es bis heute üblich, das ganze Fleisch mit dem Messer in kleine Stücke zu schneiden, das Messer zur Seite zu legen und nur mit der Gabel weiter zu essen. Die Linke liegt brav im Schoß. Manche behaupten, das sei noch ein Erbe aus der Zeit des Wilden Westens. So hätten die Cowboys jederzeit eine Hand am Colt gehabt. Vorausgesetzt, sie konnten – wie Lucky Luke – mit der Linken ebenso schnell ziehen wie mit der Rechten.

Seit dem 19. Jahrhundert gehören Gabeln offiziell zum Tischbesteck, wenn sie auch noch nicht in allen Häusern üblich waren. Der Dichter Johann Wolfgang Goethe berichtete, dass er auf Reisen öfter sein Reisebesteck auspacken musste, weil nur Löffel aufgelegt waren. Auch bei den Bauern und Handwerkern blieb der Löffel das wichtigste Essgerät. Doch am Ende gab es überall Gabeln, sogar im Haushalt der märchenhaften sieben Zwerge hinter den sieben Bergen. »Wer hat mit

meinem Gäbelchen gestochen?«, fragt einer der kleinen Männer, bevor er dann das schlafende Schneewittchen in einem der Zwergenbetten entdeckt.

Finger weg vom Essen

Nachdem das Essbesteck dauerhaft um die Gabel erweitert worden war, veränderte sich an der Art und Weise, der Manier, wie wir in Europa essen, im Grunde nicht mehr viel. Die Gabel wurde zur Basis unserer europäischen Esskultur. Von nun an kämpften die Anstandslehrer eigentlich nur noch um die Verfeinerungen.

Es gibt inzwischen jede Menge verschiedene Speziallöffel, Extragabeln und Sondermesser für alle möglichen Sorten von Speisen. Sie werden im Restaurant rechts und links vom Teller aufgedeckt, und die Tafelnden arbeiten im Verlaufe des Menüs die Besteckfolge von außen nach innen ab. Nach jedem Gang kommt man dem Teller in der Mitte um eine Garnitur Besteck näher.

Wenn es um den Gebrauch von Löffel, Messer und Gabel geht, sind sich die Leute erstaunlich einig. In allen westlichen Ländern, allen sozialen Kreisen und bei den Vertretern aller politischen und religiösen Richtungen wird das Besteck auf die gleiche Weise gehandhabt. In der rechten Hand liegt das Messer, die Linke hält die Gabel.

In Mafiakreisen hantiert man bei Tisch mit dem Besteck kein Haar anders als beim evangelischen Frauenfrühstück. Die Bundeskanzlerin spießt ihr Fleisch auf dieselbe Art auf die Gabel wie Karla Krause, wenn diese sonntags zusammen mit ihrer

Großmutter einen Rinderbraten vertilgt. Bei Tisch gelten unabhängig vom Charakter und Einkommen für alle dieselben Regeln. Die allerdings sind ziemlich unerbittlich: Für Flüssiges sind die Löffel da. Das feste Essen wird mit dem Messer geschnitten und mit der Gabel zum Mund geführt. Seit sich die Gabel einen festen Platz am Tellerrand erobert hat, sind die Finger so gut wie aus dem Spiel.

Aus dem Spiel sind damit auch einige der Tafelfreuden, auf die ein lustvoller Esser zur Zeit von Erasmus sicher nur ungern verzichtet hätte. Die Fingerspitzen sind nämlich sehr empfindliche Esswerkzeuge. Beim Anfassen der Speisen können sie im Voraus fühlen, was der Gaumen zu schmecken bekommt. Es war ein Teil des Essvergnügens, die Speisen direkt zu berühren, die Zartheit des Fleisches wahrzunehmen, die Glätte von Gebackenem oder seine raue Knusprigkeit zu tasten, die samtige Haut von Obst zu streicheln und, nicht zuletzt, die Finger abzulecken, um die letzten Geschmacksreste auf der Zunge zu behalten.

Möglicherweise hängt der Erfolg der Fastfoodketten auch damit zusammen, dass man hier kein Besteck braucht. Die Essgefäße sind aus Pappe und der Tisch ist abwaschbar. Man darf anfassen, was man anschließend in den Mund steckt. Wer seine Zähne heißhungrig und mit Wonne in einen mehrstöckigen Hamburger haut, den kümmern in diesem Moment weder das heraustropfende Ketchup noch die zehn Finger, die den watteweichen Wecken zusammenhalten. Erstaunlich ist, dass unsere Finger, die als Genusstester so empfindsam sein können, manchmal sehr viele Hamburger brauchen, bis sie merken, dass ein schlappes Brötchen auch nur schlappen Geschmack hergibt.

Hallo Karla,
findest Du nicht auch, dass Annabell manchmal übertreibt mit ihrem feinen Getue? Gestern im McDonald's hat sie tatsächlich versucht, einen Hamburger mit Messer und Gabel zu essen. Alle haben uns angestarrt.

Lena

Inzwischen gibt es auch unter den Manierenlehrern einige, die beim Essen den Zusammenhang zwischen der Lust am Berühren und dem Geschmack wiederentdeckt haben. Selbst in feinen Restaurants drücken sie ein Auge zu, wenn jemand mit Brot die köstlichen Saucenreste auf dem Teller auftunkt. »Genuss geht vor Anstand«, sagen sie.

Machte Bier groß und stark?

Zur Zeit des Erasmus von Rotterdam wurde auf Festen und Zusammenkünften noch ungeheuer viel getrunken. Wenn er seine adeligen Schüler anweist, sie sollten »stets den Rand des Glases abwischen«, bevor sie es weiterreichten und »den Kopf beim Trinken nicht zurückwerfen« und im Übrigen »nicht schlürfen wie ein Pferd«, kann man sich ungefähr vorstellen, wie lebhaft es an den Trinktischen zuging. Wenn der Mundschenk seine Runde machte, um die Becher aufzufüllen, fand er immer nur leere Trinkgefäße vor. Es war üblich, den Wein oder das Bier sofort bis zur Neige auszutrinken. Nüchterne Gäste, so liest man, sollen bei den Gesellschaften große Ausnahmen gewesen sein.

Auch die vornehmen Frauen tranken. Die Herzogin von Orléans schrieb in ihren Briefen, die Mätresse (Geliebte) des französischen Regenten »saufe wie

STUDENTENSITTEN

Im 16. Jahrhundert häuften sich beim Senat der Tübinger Universität die Beschwerden über das übermäßige Trinken der Studierenden. Sie schlugen im Rausch Sachen kaputt, machten nächtelang Krach, prügelten sich untereinander und mit den Tübinger Weingärtnern. Da alle Studenten noch Degen trugen, kam es immer wieder zu tödlichen Verletzungen. Einer Witwe wurden 1584 die Kostgänger (zahlende Essensgäste) verboten, »weil sie ein Trinkgelage gestattet hatte, bei welchem von 16 Gästen 50 Maß Wein« (über 80 Liter) getrunken wurden.

ein Bürstenbinder«. Am Hof der Königin Elisabeth I. von England aßen die Hofdamen schon zum Frühstück salzige Heringe und tranken große Kannen Bier dazu. Ob sie danach noch aufrecht und elegant am Tisch sitzen konnten, ist nicht überliefert.

Niemand machte sich Gedanken darüber, auch Kindern Bier zu geben. Anton Reiser ist die Hauptfigur in einem Roman von 1785. Er beginnt schon als Junge eine sehr langweilige Lehre bei einem Hutmacher. Der Autor Karl Philipp Moritz findet überhaupt nichts Besonderes dabei, wenn er beschreibt, wie sich der 12-jährige Anton den ganzen Tag auf den Feierabend freute, denn dann »wurde jahraus, jahrein eine Kalteschale von starkem Bier gegeben, Reiz genug, um die Nachmittagsstunden zu versüßen«.

Ein typisches Kindergetränk war gewürztes Dünnbier. Das dünne Bier hatte einen wesentlich geringeren Alkoholgehalt als heute, und es machte satt. Außerdem war Bier keimfrei und verursachte – anders als das Wasser aus den Ziehbrunnen und Zisternen – keine Infektionen. Das war ein großer Vorteil, von dem die Leute allerdings noch nichts wussten.

Die Ärzte jener Zeit betrachteten Wein und Bier – in überschaubaren Mengen – als Arznei. Bierkeller seien die »vornehmsten Apotheken«, schrieb 1725 ein Arzt aus Kursachsen. Wie ein Medikament wurde den Kranken ein Gläschen Wein zur Genesung verordnet. Die Schwachen sollten durch ein Glas Wein wieder zu Kräften kommen. Selbst Kinder bekamen Wein, wenn sie krank waren. »Dein gewöhn-

WEIN FÜR DEN HUND

Der »bitterböse Friederich« aus dem Bilderbuch vom »Struwwelpeter« (1845) hatte auf seinem Mittagstisch ganz selbstverständlich auch Rotwein stehen. Allerdings bekam zu guter Letzt alles der Hund: Er fraß »die gute Leberwurst und trank den Wein für seinen Durst«.

liches Getränk sei frisches Wasser, brauche den Wein nur als Arznei und auch da trinke nur wenig und mit Wasser«, heißt es in einem »Sittenbuch für junge Leute« von 1792. Darin bekommt ein Knabe von seinem Lehrer großes Lob, weil er einem bedürftigen Kameraden zur Stärkung ein Glas Wein anbietet.

Schlückchen für Schlückchen

Von der Schädlichkeit des Alkohols wusste man damals noch nicht viel. Erst im 19. Jahrhundert, als vor allem das Schnapstrinken unter den armen Leuten ein Riesenproblem wurde, begannen die Mediziner, die Pfarrer und die Lehrer einen Feldzug gegen die »Trunksucht«. Was die Anstandslehrer am Trinken störte, war weniger seine zerstörerische Wirkung auf die Gesundheit als die auf das Aussehen und das Betragen. »Die Trunkenheit war von jeher die Erbfeindin der Schönheit«, argumentierte 1792 ein Manierenlehrer. Das Gesicht werde »verwirrt, dumm, träge und schläfrig«.

Ein Rausch verträgt sich nicht mit dem guten Benehmen, denn ein Betrunkener verliert völlig die Kontrolle über sich. Die Gesichtszüge entgleisen, und seine Sprache wird wirr. Seine Bewegungen werden tapsig, er fängt an zu schwanken und landet im schlimmsten Fall wie ein Tier auf allen vieren. Kurzum: Betrunken verliert ein Mensch so ziemlich alles, was ihm vorher an guten Manieren beigebracht wurde.

Wenn sich ein Gast bei einer Einladung volllaufen ließ, war das für die Anstandserzieher der Beweis für einen Rückfall auf eine animalische Entwicklungsstufe. »Unmaß im Trinken und Gefräßigkeit sind die größten und unanständigsten Verletzungen des Gastrechtes. Betrinke dich nie in deinem Leben«, warnte 1915 ein Manierenbuch alle »deutschen Jünglinge, Jungmänner und Jungfrauen«.

Liebe Sarah,
wir haben gestern in Bio über Alkohol gesprochen, ab wann das Trinken schädlich wird. Ich glaube, du säufst zu viel. Wahrscheinlich ist Deine Leber schon im Eimer.
Außerdem benehmen sich Betrunkene schlecht.

Deine Karla

Liebe kleine Schwester,
deine Fürsorge ehrt mich. Das Besäufnis meiner Abschiedsparty war eine absolute Ausnahme. Ehrlich.
Außerdem war mir anschließend so übel, das vergesse ich nicht so schnell.

Deine Sarah

Damit sie das unmäßige Saufen gar nicht erst lernten, wurde den jungen Lesern ganz genau erklärt, wie das mäßige Trinken ging. Anstatt gierig das ganze Glas in einem Zug zu leeren, sollten sie sich auf jeden einzelnen Schluck konzentrieren. »Während des Trinkens lass deine Augen nicht umherschweifen, sondern schaue in das Glas; trinke leise und langsam« (1894).

Zu den mäßigenden Trinkübungen gehörte auch die Art und Weise, wie man sein Weinglas anfassen sollte. Nämlich möglichst zierlich mit zwei Fingern am Stiel und nicht mit der Hand um den Kelch. Für durstige Gäste war dieser Balanceakt mit dem vollen Glas bestimmt nicht einfach. Selbst in nüchternem Zustand brauchte es eine ruhige Hand und viel Training, damit nicht jeder Schluck zur Zitterpartie wurde. Inzwischen hat man sich längst daran gewöhnt, dass die meisten Leute den Kelch ihres Glases mit den Fingern berühren. Karlas Großmutter allerdings hat ein Weinglas noch nie anders als am Stiel angehoben. Schon weil es beim Anstoßen viel schöner klinge, behauptet sie.

Als besonders weitreichende Vorsichtsmaßnahme gegen das unbeherrschte Hinunterstürzen von Getränken schlug ein anderes Sittenbuch sogar vor, am Esstisch am besten überhaupt nichts zu trinken: »Enthalte dich des Trinkens über Tisch so viel wie möglich«, schreibt ein Verfasser 1792, wenn es aber doch durchaus sein müsse, »so iss erst ganz hinunter«. Außerdem fürchtete der Autor, die Zähne, die noch von der heißen Suppe erwärmt waren, könnten beim Kontakt mit kalten Getränken kaputt gehen.

Männern wurden beim Trinken mehr Gewohnheitsrechte zugestanden als den Frauen. Sie verschwanden nach dem Essen »im Rauchsalon, um die Spirituosen einzunehmen«, schreibt ein Etikette-Buch 1956. Seine Autorin organisierte in der Nachkriegszeit große Staatsempfänge und hat darüber wahrscheinlich vergessen, dass gar nicht in jedem Haushalt ein »Rauchsalon« zur Verfügung stand.

Vom weiblichen Geschlecht erwartete diese Anstandslehrerin ein hohes Maß an Zurückhaltung. »Die Damen begnügen sich mit einem ganz kleinen Schluck«, forderte sie streng. Selbst aus Wassergläsern durften elegante Damen nicht in vollen Zügen trinken. Eine Dame nippte nur.

Beschwipste Frauen und Mädchen fand man besonders peinlich. Deshalb war »Likör für junge Mädchen unbedingt verboten«. Nur in einem Buch (1899) freute sich die Verfasserin, dass die Frauen endlich vom »Kaffee- und Limonadenzwang erlöst« seien und Bier trinken dürften, wenn auch nur aus kleinen Gläsern. »Ein Maßkrug oder ein Literschoppen vor einer Dame macht keinen guten Eindruck«.

Der alte Irrglaube, dass starke Getränke auch dem Trinker Stärke geben, verleiht dem Alkohol bis heute ein merkwürdiges Ansehen: Wer viel verträgt, scheint besonders kräftig. Wer nach einem Glas aufgibt, gilt als Schwächling. Noch vor wenigen Generationen war es üblich, dass ein Junge nach der Konfirmation zum ersten Mal mit seinem Vater in die Wirtschaft ging. Das erste Bier, selbst wenn es ihm vielleicht gar nicht schmeckte, machte ihn in den eigenen Augen und in denen der an-

WASSER UMSONST

In USA und Kanada gehört es zu den guten Sitten, im Restaurant Krüge mit frischem Wasser bereitzustellen. Das ist ein Zeichen der Gastfreundschaft und stammt noch aus den Tagen der ersten Siedler. In Deutschland wird bei Tisch nur selten gewöhnliches Wasser getrunken, obwohl das Trinkwasser bei Untersuchungen für seine Qualität gute Noten bekommt.

deren zum Mann. Das sehen viele Jugendliche heute nicht anders.

Obwohl alle Welt inzwischen weiß, dass Saufen keine Spur von stark macht, ist Alkohol nach wie vor die beliebteste Alltagsdroge. Mit verheerenden Folgen, wie selbst diejenigen wissen, die trinken.

Die Anstandslehrer stecken in ihrer Haltung zu den »berauschenden Getränken« seit jeher in einer Zwickmühle. Einerseits schätzen sie die eleganten und teuren Tropfen bei gepflegten Gesellschaften. Andererseits wissen sie, dass es mit zu viel Alkohol ziemlich schnell ungehobelt zugehen kann. Als Ausweg predigen sie kleine Schlückchen und mäßige Mengen, stellen aber gleichzeitig Unmengen von glitzernden Gläsern am Tellerrand auf. In feinen Restaurants steht für jede Getränkesorte ein eigenes Glas bereit, und der Kellner im schwarzen Frack schenkt ebenso gerne nach wie einst der mittelalterliche Mundschenk. Der Umgang mit Alkohol ist eine Art Prüfstein der Manieren. Als gutes Beispiel gilt nämlich nicht, wer Wein und Bier völlig verweigert, sondern wer sich auch beim Trinken noch mustergültig benehmen kann.

Wo war der beste Platz am Tisch?

Manchmal verstehen Kinder ihre eigenen Eltern nicht mehr. Wenn Vaters Chef zu Besuch kommt, tun die beiden, als wäre der Chef ein König und bieten ihm den besten Platz an. Ihre Kinder schicken sie an einen Kindertisch. Dann sitzen sie wie festgenagelt auf ihren Stühlen und tun furchtbar freundlich (obwohl sie ihn nicht mal besonders mögen). Damit es keinen Streit gibt, reden sie über völlig uninteressante Sachen, und lachen tun sie auch so gut wie nie. Das Erstaunlichste ist, der Chef isst meistens nicht mal seinen Teller leer …

Auf die Plätze, fertig, los!

Liebe Oma!
Kennst Du schon meinen neuen Spitznamen? Ich bin das »Oberhaupt«. Meine Lehrerin hat mich so genannt. Weil ich in der Schulmensa ganz oben am Tisch sitze und weil ich den anderen verboten habe, laut zu rülpsen. Viele Grüße von Karla

Meine liebe Karla!
Was ein Familienoberhaupt ist, weiß ich sehr gut. Mein Vater, also Dein Urgroßvater, war ein Familienoberhaupt, wie es im Buche steht. Niemals saß er woanders als am Kopfende des Tisches. Wenn er mittags zur Türe hereinkam, begann meine Mutter, pünktlich auf die Minute, die Suppe auszuschöpfen. Ihm wurde immer zuerst aufgetan, und er bekam von allem immer das größte Stück. Wir Kinder saßen mit gewaschenen Händen still und aufrecht am Tisch. Anlehnen war verboten, mit den Füßen wackeln war verboten, die Ellenbogen aufstützen war verboten, schmatzen, schlürfen, gähnen, rülpsen sowieso. Außer leisem Besteckklappern war kein Geräusch zu hören. Solange wir nichts gefragt wurden, hatten wir zu schweigen. Es wurde gegessen, was auf den Tisch kam, und den Teller leer zu essen, war ein eisernes Gesetz. Einmal saß ich bis zum Abendbrot vor einem Teller mit gebackener Leber, der Leibspeise meines Vaters. Ich verabscheue dieses Essen bis heute.
Mit herzlichen Grüßen Deine Großmutter

Was Karlas Oma über die Tischsitten in ihrer Kindheit erzählt, hat damals niemanden besonders aufgeregt. Es ging in den meisten Familien ähnlich zu, und man fand es ganz selbstverständlich, dass der Hausherr am Esstisch den Vorsitz und das Sagen hatte. In einem großen Bauernhaus sah der Abendbrottisch etwa so aus: Am Kopfende saß der Bauer, und an der einen Seite des Tisches nahmen die arbeitsfähigen Söhne und Schwiegersöhne dem Alter nach Platz. Dahinter folgten die Knechte nach ihrer Wichtigkeit. An der Tischseite gegenüber hatte die Bäuerin an der Seite des Hausherrn den obersten Platz. Neben ihr saßen die Töchter, Schwiegertöchter und Mägde, die auf dem Hof mitarbeiteten. Ganz unten am Tisch waren die Plätze der »unnützen« Esser. Das waren die Kinder, die fürs Mithelfen noch zu klein waren. Es gab auch Höfe, auf denen die Knechte und Mägde nicht am gemeinsamen Tisch mitessen durften, und es gab sogar Bauern, die sich ihr Essen ganz allein in einem Zimmer servieren ließen.

König Ludwig XIV. von Frankreich speiste – als Zeichen seiner unerreichbar hohen Stellung – mit seiner Gemahlin allein. Alle anderen Familienmitglieder mussten stehen und ihm dabei zuschauen.

Das Prinzip war überall gleich: Der Platz am Esstisch entsprach der Rolle im wirklichen Leben. Wer befiehlt, darf oben sitzen. Wer gehorchen muss, nimmt unten Platz. Schon auf den alten Festen zur Zeit des Erasmus von Rotterdam war das gemeinsame Essen eine gute Gelegenheit, um zu zeigen, wer wichtig war und wer nicht.

In der oberen Mitte der oft U-förmig aufgestellten Tische residierte der König. Ihm zur Seite saß die Königin. So konnten sie selbst alle ihre Gäste sehen und wurden von allen gesehen. Die ihnen am nächsten Sitzenden hatten den höchsten gesellschaftlichen Rang, die ganz am unteren Ende der Tafel Essenden den niedrigsten. Es war für die Gäste von großer Bedeutung, in welcher Entfernung vom König sie saßen.

ZURÜCKGESETZT

Der Begriff hat überlebt: Wenn einem eine andere Person vorgezogen wird, fühlt man sich »zurückgesetzt« und ist entsprechend gekränkt.

Hatte sich ein Besucher aus Zurückhaltung weit unten an den Tisch gesetzt, so konnte es sein, dass er gebeten wurde, näher zum König aufzurücken. »Sträube dich zunächst bescheiden, doch nicht hartnäckig«, brachte Erasmus seinen Schülern für solche Fälle bei. Hatte ein Gast aber seine Bedeutung überschätzt, so wurde er »zurückgesetzt«, was einer schlimmen Beleidigung gleichkam.

Noch Jahrhunderte später achteten die Gäste ganz genau darauf, auf welche Plätze sie bei einer Einladung gesetzt wurden. Wenn die Sitzordnung nicht von vornherein durch Namenskarten neben den Gedecken klar war, rieten die Manierenlehrer zum Abwarten. »Setze dich nicht gleich, sondern warte, bis sich etwa anwesende höhere Personen gesetzt haben«, hieß es zum Beispiel in einem Ratgeber von 1894.

Auch beim Zugreifen bestimmte die Rangordnung die Reihenfolge, dabei aßen zur Zeit des Erasmus noch alle gemeinsam aus einer Schüssel. Zuerst langten die vornehmen Damen und Herren zu. Ganz zuletzt erst kamen die Kinder dran. Sie mussten besonders viel Geduld und Disziplin aufbringen. Heute weiß man, dass Kinder ihren Appetit noch nicht so gut zügeln können wie Erwachsene. In vielen Restaurants werden deshalb immer zuerst die Kleinen mit Essen versorgt.

Eine U-förmige Königstafel war meistens nur außen besetzt, damit die Diener leichter servieren konnten. Auch das geschah strikt nach der Reihenfolge des gesellschaftlichen Ansehens. Nichts bei diesen aufwändigen Essenszeremonien war zufällig. Dafür sorgte der Majordomus, der das Ganze organisierte und für einen reibungslosen Ablauf verantwortlich war. Alle anwesenden Gäste richteten sich selbstverständlich nach dem Beispiel des Königs. Wenn er satt war und den Löffel weglegte, war das Essen für alle beendet. Kinder sind auf den alten Bildern von königlichen Gastmählern keine zu sehen. Für sie wäre ein Essen mit dem König auch kein Vergnügen gewesen sein. Um gleichzeitig mit ihm fertig zu werden, hätten sie essen müssen wie die Feuerwehr.

»Wenn das wohlerzogene Kind mit Höherstehenden zusammen ist, soll es als Letztes nach der Schüssel greifen.« (1780)

Die klassische königliche Sitzordnung ist heute noch das Vorbild für viele Hochzeitsfeste. Möglicherweise ohne die Tradition zu kennen, deckt der Chef des Restaurants die Speisetafel wie für ein Fest am Hof und gibt dem Brautpaar die Plätze des Königs und der Königin. Statt der Rangfolge am Hof werden die Gäste um das Hochzeitspaar herum nach der verwandtschaftlichen Nähe und dem Alter angeordnet. Die Kinder bekommen die am weitesten entfernten Plätze.

Der Mann ist das Haupt

Dass der Mann der Frau übergeordnet war, war früher so selbstverständlich wie ein Naturgesetz. Man hielt es sogar für den Willen Gottes. »Gott selbst hat gewollt, dass nicht das Weib, sondern der Mann das Haupt sein sollte«, erklärte der Lehrer Johann Heinrich Campe 1789 den heranwachsenden Mädchen. Der Mann habe mehr Kraft und mehr Verstand und sei deshalb »des Weibes Beschützer und Oberhaupt«, schrieb er. »Er ist die Eiche, sie der Efeu«, eine Kletterpflanze also, die sich schmückend am Stamm der starken Eiche emporrankt. Als Karlas Großmutter jung war, wurde

»Gewöhne die Kinder bei Tisch an wohlanständige Formen.« (1878)

dieses Bild der Ehe von den Manierenbüchern noch immer getreulich nachgemalt.

In den meisten Familien war der Mann der absolute Chef. Er war der Ernährer, von dem alles abhing und um den sich alles drehte. Wie ein König über seine Untertanen befahl er über Frau, Kinder und, wenn man sich solche leisten konnte, auch über die Dienstboten. Im besten Fall war er ein liebevoller, milder und verständnisvoller Herrscher, im schlechtesten Fall ein grausamer Despot.

Von den Frauen wurde in jener Zeit erwartet, dass sie sich dem Willen ihrer Ehemänner stets unterordneten. »Frage erst nach seinen Wünschen, dann nach den deinigen«, schärfte 1912 das Buch »Der gute Ton« den Ehefrauen ein. Sie sollten »seine Lieblingsspeisen auf den Tisch« bringen und die Kinder daran gewöhnen, »sein Urteil als höchste Instanz zu betrachten«. Was das Familienoberhaupt anordnete, war für die Kinder Gesetz. »Ein Wink mit den Augen genügt«, so stellte sich ein Manierenlehrer 1878 das ideale Familienleben vor, »um einen heraufziehenden Verstoß schon im Keime zu ersticken«. Für dickköpfige und eigenwillige Mädchen und Jungen hatte keiner der Erzieher Verständnis. Nur »gehorsame, wohlerzogene, artige und freundliche Kinder hat jedermann gern«, erklärte 1887 ein Ratgeber mit dem Titel »Was schicklich ist!«.

»Beim Verteilen der Portionen wird zuerst der Hausherr bedient.« (1887)

Die gemeinsamen Mahlzeiten waren ein beliebtes Übungsfeld für die Manieren. Das ist heute kein bisschen anders. Die meisten Kinder beobachten ihre Eltern ganz genau, wie sie mit Teller, Besteck und Serviette umgehen und probieren es dann selbst. Damals fand man vor allem solche Tischsitten wichtig, die zum Gehorsam und zum Artigsein passten: Stillsitzen, Mundhalten und Aufessen.

Das Essen an der Familientafel gehörte in den meisten Häusern zu den festen Ritualen und war ein Höhepunkt im Tagesablauf. In bürgerlichen Häusern saß die Familie mittags zusammen um den Esstisch. In Arbeiterhaushalten aß man abends zusammen, wenn der Vater aus der Fabrik zurück war. Auf das Sonntagsessen freuten sich alle, schließlich gab es Braten nicht alle Tage.

Der Preis für den Genuss war das gute Benehmen, denn »der Familientisch prägt die Sitten für ein ganzes Leben«, behauptete der Autor eines Anstandsbuchs 1963: »Wer es da nicht lernt, wird es niemals lernen und sich immer einmal wieder auf die penetranteste Weise verraten«. Um das zu verhindern, scheuten die Eltern bei der Manierenerziehung keine Mühe und keine Strenge.

DER GROSSMOGUL

Der Schriftsteller Erich Kästner erzählt, wie sehr ihn als Kind das herrscherhafte Auftreten seines Onkels Franz beeindruckte. Wenn dieser das Haus betrat, brüllte er »Frau!«, worauf diese rief: »Der Herr kommt« und mit ihren beiden Töchtern losrannte, um ihm Schirm, Mantel und Schuhe abzunehmen und ihm eine Zigarre anzubieten. »Die drei umstanden und umknieten ihn wie die Sklavinnen ihren Großmogul, hingen an seinen Lippen und warteten auf weitere Befehle. Fürs Erste sagte er nichts, und so standen und knieten sie eifrig weiter.«

An den Kindern werden die Eltern gemessen

Das Oberhaupt am Tisch beobachtete jeden Fehler im Umgang mit Besteck und Essen. In dem alten Roman über den Waisenjungen Anton Reiser war es sein Lehrherr, der ihn unaufhörlich zurechtwies. »Dem Anton, der ihm vielleicht nicht genug arbeiten konnte, verbitterte er sein Mittagessen durch tausend wiederholte Lehren, wie er das Messer und die Gabel halten und die Speise zum Munde führen sollte, bis diesem oft alle Lust zum Essen verging«. Unter den strengen Augen der Hauseltern lernten die Kinder, tropfenfrei aus den zerbrechlichen Gläsern zu trinken, das Tischtuch makellos zu hinterlassen und korrekt zu sitzen.

Korrekt sitzen hieß vor allem still sitzen. Besonders schwer tat sich damit ein unruhiger Junge namens Philipp, der als Figur in einem Bilderbuch sehr berühmt wurde: »Ob der Philipp heute still wohl bei Tische sitzen will? Also sprach in strengem Ton der Papa zu seinem Sohn«, dichtete Heinrich Hoffmann 1845 im »Struwwelpeter«. Die Strafe für den unmanierlichen Zappel-Philipp kam prompt. Er kippte vom Stuhl. Mit ihm fielen sämtliche Teller und Schüsseln zu Boden, und die Familie musste hungrig bleiben.

Stillsitzen war für Kinder noch nie einfach. Kein Kind käme von allein auf die Idee, seinen Appetit bis zur festgesetzten Essenstunde hinauszuzögern und dann bewegungslos am Tisch zu sitzen. Doch gerade das fand man wichtig. Schon Erasmus von Rotterdam verbot seinen Schülern das Herumzappeln auf den Stühlen, erlaubte ihnen aber, den Tisch zu verlassen, sobald sie fertig gegessen hatten. Karlas Großmutter weiß noch gut, dass sie als Kind oft lange warten musste, bis sie endlich etwas zu essen bekam. Zuerst wurde das Tischgebet gesprochen. Das war die Aufgabe ihrer jüngsten Schwester. Dann bekamen ihr Großvater und ihr Vater und danach alle anderen Erwachsenen ihre Portionen ausgeschöpft. Zuletzt erst waren die Kinder an der Reihe. So übte sie nicht nur geduldig zu sein, sondern auch das korrekte Sitzen. Streng wurde darauf geachtet, dass niemand nachlässig am Tisch herumhing: »Die Kinder gewöhne man frühzeitig an gerades Sitzen«, wünschte ein Ratgeber 1921. »Man gestatte ihnen weder ein Anlehnen an die Stuhllehne, noch ein Auflegen mit den Armen oder gar ein Stützen des Kopfes.« Vor allem die bequem aufgestützten Ellenbogen waren den Eltern ein Dorn im Auge. Einmal, so erzählt Karlas Oma, habe der Vater ihr den Ellbogen so schmerzhaft über die Tischkante gefegt, dass sie – zumindest in seiner Gegenwart – nie wieder ans Aufstützen dachte. In besonders strengen Familien bekamen die Kinder Bücher unter die Achseln geschoben, die sie dann mit den Armen am Körper festklemmen mussten. Erst dann fand man die Haltung perfekt.

KATZ UND MAUS

»Auf dem Schoß muss eine Katze Platz haben, zwischen Rücken und Lehne eine Maus.« (2007)

Nicht einmal unter dem Tisch, wo das strenge Auge des Familienoberhaupts gar nicht hinsehen konnte, durfte Unordnung herrschen. Die kurzen Beine der Kinder, die noch nicht zum Boden reichten, hatten ruhig zu hängen. »Bammle nicht mit den Füßen unter dem Tisch, als ob du dem Esel zu Grabe läuten wolltest«, hieß es 1792 unerbittlich. Auch die Erwach-

Hallo Annabell,
Du glaubst nicht, was Fred alles drauf hat. Gestern kam er bei uns vorbei, und das Essen war gerade fertig. Fred saß am Tisch steif wie ein Stäbchen und schnippelte zierlich seinen Kalbsbraten. Doch als meine Oma aus Versehen einen fetten Soßenfleck auf das Tischtuch machte, wurde es doch noch gemütlich. Karla

GOUVERNANTEN

In reichen Häusern übernahmen Gouvernanten und Tanzmeister die Manierenerziehung der Kinder. Die Eltern waren tagsüber oft nur kurze Zeit mit ihren Kindern zusammen und registrierten erst das Ergebnis dieser Unterweisungen. »Lärm vor unseren Eltern zu machen, sich auf Sofas und Stühlen umher zu wälzen, bei Tisch schmutzig und ungeschickt zu essen, war gänzlich unerhört«, schreibt Friedrich von der Marwitz (1777–1837) in seinem Buch »Ordnung und Zucht des väterlichen Hauses«. Seine Eltern hätten ungepflegte Manieren als Schande für den ganzen Adelstand angesehen.

senen durften ihre langen Beine nicht übereinander schlagen, sie aber auch auf keinen Fall zu sehr spreizen. Genauso unanständig war es, die Füße zu weit vorstrecken oder sie um die Stuhlbeine zu »häkeln« oder hörbar auf dem Boden zu scharren. Und selbst das Aufstehen vom Tisch war eine Manierenlektion wert: Wer nicht als »plump, ungeschliffen und ungezogen« angesehen werden wollte, erhob sich nach dem Essen vollkommen lautlos von seinem Stuhl.

Die mangelhaften Manieren der Kinder »werfen ein schlechtes Licht auf die Eltern«, behauptete eine Anstandsautorin 1928. Kinder, die kleckerten oder mit dem Stuhl kippelten, waren ihren Eltern furchtbar peinlich. Tadellose Kinder dagegen waren für alle Außenstehenden der Beweis, dass auch die Eltern tadellos waren. Wenn Gäste ins Haus kamen, wollte man die Kinder deshalb meistens nicht dabei haben. »Kinder, wenn sie noch unerwachsen und allzu jung sind, müssen von der Gesellschaft ferngehalten werden«, fand ein Manierenlehrer 1833. Daran hatte sich hundert Jahre später wenig geändert: »Lass sie in der Kinderstube essen, wenn du fremde Gäste zu Tisch hast«, hieß es 1936 knapp.

Manche Manierenbücher empfahlen Übungsstunden im stillen Kämmerlein. Erst wenn die Kinder perfekt gedrillt und »ganz artig« waren, durften sie »mit Mami und Papi am großen Tisch zu Mittag essen«, so stellte man sich das vor 80 Jahren vor.

Wenn die Eltern ausgingen, blieben die Kinder selbstverständlich zu Hause. In eine Gaststätte nahmen sie ihre Kinder nur mit, »wenn sich dies nicht vermeiden lässt«, und »in ein Café gehören Kinder überhaupt nicht«, stellte ein Manierenlehrer 1956 klar.

Die Furcht vor den wachsamen Blicken der anderen Gäste, die jeden »Erziehungsfehler« bemerken und über ungehöriges Benehmen tuscheln könnten, war groß. Die Eltern hätten sich vor aller Augen bloßgestellt gefühlt, wäre ein Glas mit Limo umgekippt, ein Schnitzel vom Teller gerutscht oder eines der Kleinen mit sahneverschmiertem Gesicht vom Tisch gegangen. Für die wenigen Kinder, die doch ins Restaurant mitgehen durften, waren diese Besuche wahrscheinlich auch keine reine Freude. Schon um ihre Eltern nicht zu blamieren, mussten sie jedes Mal eine kleine Tischsittenprüfung bestehen.

Es wird gegessen, was auf den Tisch kommt

Liebe Oma,
ich bin total erledigt. Wir waren bei Tante Gerda eingeladen, und die drängt einem immer so viel zu essen auf, dass mir am Ende ganz schlecht ist. Kannst Du nicht mal mit Deiner Schwester reden? Ich werde wahrscheinlich nie wieder etwas essen können.

Deine Karla

Liebe Karla,
mir ging es bei Gerda lange Zeit ähnlich. Sie denkt immer noch, dass sie die Gäste zum Essen nötigen muss. Das hat man uns so beigebracht. Früher waren gut erzogene Besucher immer zimperlich. Es gehörte sich für eine aufmerksame Köchin, dass sie immer wieder aufforderte und womöglich sogar die Teller nachfüllte.
Sei beim nächsten Mal standhafter. Übrigens backe ich gerade einen Zwetschgenkuchen. Willst Du nicht vorbeikommen und drei bis sieben Stückchen essen?

Deine Oma

PETER WILL NICHT ESSEN

»Peter war das schwierigste Kind, das es in ganz Shanghai gab«. So beginnt in dem Kinderbuch »Pippi Langstrumpf« von Astrid Lindgren eine absurde Lügengeschichte über das Aufessen. Peter will nicht essen und kneift den Mund zu. Doch sein Vater sagt, er kriege kein anderes Essen, bevor er nicht »ein Schwalbennest für Papa« gegessen habe. »Von Mai bis Oktober ging das Schwalbennest zur Küche raus und wieder rein«. Schließlich stirbt der Junge, »aus reinem Trotz«, wie Pippi erzählt. »Dann flog eine Schwalbe durchs Fenster und legte ein Ei in das Nest. So war es doch zu etwas nütze.«

Wenn Menschen im Alter von Karlas Großmutter an ihre Kindheit zurückdenken, spielt das Essen immer eine große Rolle. Zwei Tischregeln sind ihnen besonders im Gedächtnis geblieben: Es wurde gegessen, was auf den Tisch kam, und der Teller musste immer leer gegessen werden.

Erstaunlicherweise sagen die alten Anstandsbücher wenig dazu. Es wird seit Erasmus von Rotterdam zwar ausführlich darüber berichtet, dass man sich nicht gierig zu viele Stücke auf den Teller laden soll, dass man angebissene Stücke nicht wieder auf die Servierplatte zurücklegen und ungenießbare Teile nicht ausspucken darf. Dass es eine besondere Tugend sein soll, den Teller auch dann leer zu essen, wenn einem etwas nicht schmeckt oder wenn man längst satt ist, wird nirgends erwähnt.

Aber so funktionierte die Tischerziehung bis weit in unsere Tage: Die Eltern brachten ihren Kindern bei, dass Essen »eine Gottesgabe« ist, die nicht vergeudet werden darf. Dahinter steckte auch die Erfahrung, dass Nahrungsmittel in der Vergangenheit durch Kriege und schlechte Ernten immer wieder knapp geworden waren. In den Hungerjahren der beiden Weltkriege 1914–1918 und 1939–1945 hatten die Erwachsenen so viele Entbehrungen erlebt, dass sie Verschwendung von kostbaren Lebensmitteln weder bei sich noch bei ihren Kindern ertragen konnten. Essen wegzuwerfen erschien ihnen als Unrecht und als große Sünde.

Die Kinder sollten lernen, ihren Appetit richtig einzuschätzen, wenn sie sich hungrig zu Tisch setzten. Dazu gehörte, eine einmal aufgeladene Portion aufzuessen bis zum letzten Krümel, so wie man ja auch eine einmal begonnene Arbeit gewissenhaft zu Ende führte. Mit der Löffel-für-Löffel-Dressur

»Einen für Mama, einen für Papa« wurden die ganz Kleinen gestopft, mit der Aussicht auf schönes Wetter die Größeren zum Aufessen ermuntert. Blitzblank leergegessene Teller bringen die Sonne zum Scheinen, sagte man, auch wenn es danach tagelang in Strömen goss.

Und die Kinder begriffen beim Aufessen, wie Gehorsam und Disziplin funktionieren. Ob man satt war oder den Geschmack nicht mochte, zählte nicht viel. Wer nicht alles aufessen wollte, wurde bestraft. Aufessen war ein Erziehungsprinzip und der leere Teller ein Sinnbild fürs Bravsein. Kinder, die ein verhasstes Essen hinunterwürgten, hatten verstanden, was Unterwerfung bedeutet.

IOH.BERNH.BASEDOW

1773 forderte der Pädagoge Johann Bernhard Basedow –, obwohl er für seine Zeit eigentlich sehr fortschrittlich war – das Essen manchmal zu einer reinen Gehorsamsprüfung zu machen. »Nicht zur Strafe, sondern bloß, weil ihr es so wollt, müssen sie bisweilen solche Speisen und Getränke genießen, die ihnen nicht so gut schmecken als die gewöhnlichen.«

Solche Erfahrungen machen Kinder heute glücklicherweise kaum noch. Nicht erst das Benimmbuch von Sybil Gräfin Schönfeldt (1987) erleichterte vielen Kindern das Leben. Sie forderte, »Kinder sollen nicht alles essen müssen«, und schlug sogar vor, dass bei Familienfesten immer auch etwas auf den Tisch kommen sollte, das gerade ihnen besonders gut schmeckt. Schon lange nehmen moderne Eltern Rücksicht auf die Vorlieben ihrer Kinder und vertrauen darauf, dass die selbst am besten wissen, wenn sie genug gegessen haben. Und seit immer mehr Kinder durch zu wenig Bewegung und zu viel Essen übergewichtig

WER NICHT AUFISST, MUSS BEZAHLEN

Weil sich die Leute in Hongkong an den Büffets viel zu viel Essen auf ihre Teller laden, gibt es in einigen Restaurants eine Geldstrafe für diejenigen, die nicht aufessen. So wollen die Besitzer Verschwendung verhindern.

werden, gilt es endgültig nicht mehr als Tugend, alles zu vertilgen, was einem vorgesetzt wird. Denn: »Iss immer deinen Teller leer, dann bist du bald zwei Zentner schwer!«

Der Anstandsrest

In vielen asiatischen Ländern ist es Sitte, immer einen kleinen Rest auf dem Teller übrig zu lassen. Wenn der Gast alles ratzekahl aufisst, ist das für den Koch ein klares Signal, dass sein Besuch nicht satt geworden ist. Also bekommt er eine neue Portion aufgeladen. Ähnlich kann es einem in Südeuropa ergehen. Wenn der Teller leer ist, gibt es Nachschlag. Bleibt etwas übrig, ist die Hausfrau beleidigt, weil ihr Essen dem Besuch offenbar nicht geschmeckt hat. Der Gast steckt – bis ihm die Knöpfe von der Hose platzen – in einer echten Höflichkeitsfalle.

Die englische Königin Elisabeth – so liest man wenigstens – lässt jedes Mal, wenn sie in Gesellschaft speist, einen Rest Essen auf ihrem Teller übrig. Das sieht dann so aus, als ob sie noch nicht fertig wäre. Keiner ihrer Gäste muss deshalb aus Höflichkeit mit dem Essen aufhören, nur weil die Queen schon satt ist.

Einen »Anstandsrest« auf den Platten zu lassen, war früher auch in Deutschland üblich. Es war ein Zeichen von Wohlstand und Gastfreundschaft, aufzutischen, was Küche und Keller hergaben. Eine Hausfrau konnte sich nichts Peinlicheres vorstellen, als dass sie zu wenig Essen vorbereitet hätte. Mit dem »Anstandsrest« gaben ihr die Gäste zu verstehen, dass die Menge wirklich großzügig berechnet war.

Der Anstandsrest war ein Überbleibsel aus der Zeit, als man sich nicht alle Tage Portionen in Schlaraffenlandgröße leisten konnte. Es zeigte Anstand, sich bei Festen und Einladungen nicht vollzuschlagen bis zum Kragen. Diejenigen, die sich ungeniert auf das letzte Stück Torte oder auf die allerletzte Scheibe der Pastete stürzten, offenbarten dagegen nichts als ungebremste Fresslust. Ähnlich wie beim Tellerleeressen ging es auch beim Anstandsrest darum, sich selbst zu überwinden. Wer »Herr war über die sinnlichen Triebe des Leibes«, wie ein alter Manierenlehrer die Gier bezeichnete, ließ die letzten leckeren Häppchen liegen.

Lieber Johann,
gestern hatte Annabell ihre Party. Es gab leckere Himbeertörtchen. Ich habe fünf geschafft, Annabell vier und Lena nur drei. Den Rest hat Fred geschnappt. »Hätte vielleicht noch jemand was gewollt?«, fragte er und hatte den ganzen Mund voll. Du hättest mal Annabells Gesicht sehen sollen …
Deine Karla

Kinder bei Tische sind stumm wie die Fische

Erasmus von Rotterdam dachte nicht daran, Kinder von den Tischgesprächen auszuschließen, solange sie langsam und deutlich sprachen und nicht von Dingen, die – wie er sich ausdrückte – Zunge und Ohren beleidigten. In ganz neuen Benimmbüchern werden Kinder sogar aufgefordert, die Unterhaltung manchmal selbst in Hand zu nehmen, »Warte nicht ab, bis Tante Edeltraut dich zu Tode gelangweilt hat«, rät eine Kinderbuchautorin 2004. So könne man vermeiden, endlos ausgefragt zu werden, was ja ziemlich lästig sein kann. Und vielleicht erfährt man dabei sogar etwas Interessantes über Tante Edeltraut.

In der langen Zeit zwischen Erasmus und heute allerdings gab es für Kinder bei Tisch nur eine einzige Gesprächsregel: Sie hatten den Mund zu halten. »Sei nicht schwatzhaft am Tisch; höre vielmehr den Reden deiner Eltern oder der Gäste zu, und warte mit deiner Gesprächigkeit, bis man dich fragt«, hieß es 1792. Das Wort erteilte derjenige, der auch den Vorsitz am Tisch hatte. Wenn der Herr des Hauses sprach, hörten alle anderen zu, und nur wenn er fragte, durfte man antworten.

Karlas Oma erzählt manchmal, wie ihr Opa sie einmal vom Mittagessen wegschickte, als sie ungefragt mit einer Neuigkeit herausgeplatzt war. Was ihr damals so wichtig vorkam, hat sie inzwischen längst vergessen, doch an die Strenge erinnert sie sich noch sehr genau. Der Großvater erlaubte bei Tisch kein unnötiges Geschwätz. Kinder darf man sehen, aber nicht hören, hieß ein beliebter Erziehungsspruch aus dieser Zeit.

Die Erwachsenen hatten es bei ihren Tischgesprächen allerdings auch nicht viel leichter. Für sie galten die Regeln der Konversation. Einerseits sollte sich beim Reden niemand vordrängen, andererseits durfte keiner stumm bleiben. »Die schwierigste Sache von der Welt besteht darin, eine längere und abwechselnde Konversation geschickt zu unterhalten und fortzuführen«, wusste schon 1833 ein »Erzieher in einem adeligen Hause«. Ein Tischgespräch, so fand viele Jahre später, 1965, ein anderer, sei deshalb so kompliziert, weil man sich gleichzeitig seiner Tischdame und dem Essen zu widmen hatte »und dabei womöglich noch geistreich sein« sollte.

Das Schwierigste war der passende Gesprächsstoff, denn die Anstandslehrer schlossen fast alle spannenden Themen aus. Es durfte nichts Persönliches angesprochen werden, und Diskussionen mit zu unterschiedlichen Meinungen sollte man vermeiden. »Man spricht nicht über Krankheit, Geld und Politik«, erneuerte eine Manierenexpertin vor wenigen Jahren eine »Vorkriegsregel«. Das Tischgespräch sollte sein wie das Essen, empfiehlt 2004 ein moderner Stiltrainer, »schmackhaft, bekömmlich und abwechslungsreich.« Die Engländer haben einen treffenden Namen für solche belanglosen

Unterhaltungen. Sie nennen es »small talk«, Gerede über Kleinigkeiten, und sprechen gerne über das Wetter.

Die Fähigkeit, geschickt zu plaudern, ohne etwas zu sagen, hielt man einst für eine Kunst der feinen Gesellschaft. Dabei muss es muss schon vor zweihundert Jahren in den eleganten Salons manchmal zum Einschlafen langweilig zugegangen sein. Wenn ein »adeliger Erzieher« 1833 den Gästen verbietet, dass sie die Augen auf der Tapisserie (Tapete) herumwandern lassen, an der Krawatte zupfen, den Rock auf- und zuknöpfen, mit dem Fuß den Takt treten oder mit der Fußspitze geometrische Figuren auf den Boden zeichnen, kann man sich lebhaft vorstellen, wie öde die Gespräche waren. Zeigen durfte man das freilich nicht: »Wenn du dich des Gähnens durchaus nicht enthalten kannst, so tue es wenigstens, ohne einen Laut von dir zu geben oder den Mund aufzusperren«, lautet eine Empfehlung 1897.

SPÄTER

»Opa«, spricht der Enkel am Mittagstisch seinen Großvater an. »Später«, sagt der streng und kaut gewissenhaft. Nach dem Essen fragt er den Kleinen, was er ihm denn so Dringendes habe sagen wollen. »Jetzt ist es zu spät«, sagt der, »jetzt hast du die dicke, schwarze Fliege in deinem Salat schon gegessen.«

Weil ernsthafte Gespräche aus der Konversation verbannt waren, wurden Zeichen und Symbole umso wichtiger. Im 18. Jahrhundert gab es in der vornehmen Gesellschaft ein ausgeklügeltes System von wortlosen Sprachen. Die Damen und Herren am Hof redeten unaufhörlich miteinander, ohne auch nur einmal den Mund aufzumachen. Für sie sprachen ihre Blicke, ihr Sonnenschirmchen, ihre geschickt im Gesicht platzierten schwarzen Schönheitspflästerchen und vor allem ihr Fächer. Ein Fräulein, das beim Flanieren im Park den Schirm über der Schulter kreisen ließ, sandte auf diese Weise verliebte Grüße an einen ebenfalls flanierenden Herrn. Ein Pflästerchen am Mundwinkel signalisierte die Lust auf einen Flirt. Klebte der schwarze Punkt auf der rechten Wange, war jedem

Bewerber klar, dass die Dame schon verheiratet war. Daran, was die »Frauenzimmer« mit ihren Fächern anstellten, konnten die Herren bis zu achtzig verschiedene Botschaften ablesen. Es gab Tanzlehrer, bei denen die Fächersprache zum Unterricht gehörte. Fächelte sich die Dame mit dem Fächer in der linken Hand Luft zu und verdeckte dabei halb das Gesicht, so suchte sie Bekanntschaft. Ließ sie den geöffneten Fächer mit der Linken über die Wange gleiten, offenbarte sie ihre Zuneigung. Mit der Anzahl der geöffneten Fächerstäbe konnte sie sogar eine genaue Uhrzeit für ein Rendezvous, ein Treffen, vereinbaren. Wollte sie dagegen in Ruhe gelassen werden, hielt sie den geschlossenen Fächer wie zufällig an das linke Ohr. Kurze Schläge mit dem geschlossenen Fächer in die Handfläche teilten dem Bewerber mit: »Ich bin böse mit dir«.

Was gibt es hier zu lachen?

Was den Anstandslehrern bei Tisch überhaupt nicht gefiel, war lautes Lachen. »Die Frau, die so gut aussieht, lacht so dumm, wie man es nicht einmal bei einem Backfisch entschuldigen könnte«, empört sich 1949 ein Autor über eine hübsche Frau, die in einem Restaurant mit ihrem unbekümmerten Gelächter alle Blicke auf sich zieht.

»Haben Sie sich schon einmal beobachtet, wenn Sie lachen?«, fragt der Verfasser eines Benimmbuchs von 1954 besorgt. Der Autor empfiehlt dringend, sich während eines Lachanfalls einmal im Spiegel zu betrachten, und ist sich anschließend sehr sicher: »Die wenigsten Menschen kann man wegen ihres Lachens gern haben«.

Ein Mensch, der richtig lachen muss, hat keine Kontrolle mehr darüber, wie sich sein Gesicht verzerrt. Insgesamt siebzehn Gesichtsmuskeln und jede Menge mehr am Bauch ziehen sich beim Lachen krampfartig zusammen, die Tränen fangen an zu fließen, und man kann den Mund unmöglich geschlossen halten. Die Töne, die man beim Lachen ausstößt, sind von Mensch zu Mensch zwar ganz verschieden, aber fast immer ziemlich laut. Wenn die Lachlust ausbricht, ist sie fast nicht mehr zu bändigen. Wie weit der Verlust der Selbstbeherrschung im schlimmsten Fall führen kann, zeigt der Ausdruck, dass man sich »vor Lachen fast in die Hosen pinkelt«.

Das Lachen stand für die Manierenlehrer in einer Reihe mit den anderen ungezügelten menschlichen Geräuschen und musste daher dringend geregelt werden. »Nur Narren lachen ständig«, fand schon Erasmus von Rotterdam. Obwohl sein antikes Vorbild, der Philosoph Aristoteles, das Lachen zu den ausgesprochen menschlichen Eigenschaften rechnete, war ihm vor allem die Lautstärke nicht geheuer. »Nicht zu laut« sollten seine Schüler lachen.

Erasmus' Zurückhaltung gegenüber dem schallenden Gelächter stand in einer langen Tradition. Die Kirche lehnte das laute Lachen viele Jahrhunderte lang ab. Die Begründung war, dass in der Bibel nirgendwo steht, dass Jesus je gelacht hätte. Daraus schlossen die mittelalterlichen Theologen, dass sich Frömmigkeit und Heiterkeit nicht vertragen. Gläubige Christen sollten ebenso ernsthaft sein wie ihr Messias. Der französische König Ludwig der Heilige (1224–1270) verbot seinem ganzen Volk an Freitagen zu lachen, weil dies der Todestag Christi war. In den alten Kirchen haben die Heiligen auf den

Hi Karla,
meine feste Zahnspange ist drin und sieht richtig fies aus. Drücken tut sie auch. Mit so einem hässlichen Drahtzaun im Mund werde ich nie mehr lachen. Lena

Gemälden und die Statuen entweder ganz ernste Gesichter oder sie tragen ein sanft-seliges Lächeln auf den geschlossenen Lippen. Noch bis in unsere Tage versuchten strenggläubige Christen aus Liebe zu Jesus, ein Leben ohne lautes Lachen zu führen.

Der Argwohn der Kirche gegenüber dem Gelächter hatte noch eine zweite Seite. Im Mittelalter gründete der christliche Glaube ganz auf der Furcht vor einem strafenden Gott. Die Angst vor dem Fegefeuer und der Hölle sollte die Menschen in Demut und Gehorsam halten. Wer aber herzhaft lachte, fürchtete – zumindest während der Sekunden des Gelächters – weder das jüngste Gericht noch die Macht der Kirche. Besonders verwerflich fand man, wenn jemand während des Gottesdienstes lachen musste. Der Frevler wurde tagelang vom Abendmahl ausgeschlossen oder musste fasten. Übrigens glaubt man auch im Islam, dass Lachen während der rituellen Waschungen Verderben bringt.

Das laut schallende Lachen kam unter den Anstandslehrern nie zu viel Ansehen. »Das Losbrüllen ist ein Zeichen schlechtester Erziehung«, schreibt eine von ihnen 1890. Sie fand, dass ein feiner Mensch auch sein Vergnügen im Griff haben muss. Wenn andere unbeherrscht loslachten, sollte er sich mit einem milden Lächeln begnügen. Niemand sollte je in seinen aufgerissenem Mund sehen – ausgenommen der Zahnarzt, und da gab es noch nie viel zu lachen. In Japan halten viele Menschen die Hand vor den Mund, wenn sie lachen müssen. Sie finden es peinlich, dass jemand »in ihr Inneres« blicken könnte.

Auch die alten Anstandswächter beunruhigte der Blick in die Mundhöhle. Was sie darin sahen, fanden sie gegen allen guten Geschmack. Viele ihrer Zeitgenossen zeigten beim Grinsen hässliche Zahnlücken und verfärbte Zähne, denn die Zahnpflege ließ zu wünschen übrig. Die französische Kaiserin Josephine – sie war die Frau von Napoleon – soll so schwarze Zähne gehabt haben, dass sie in der Öffentlichkeit nie ohne ein vorgehaltenes Taschentuch lachte. In der Generation von Karlas Großmutter waren dunkle Flickstellen im Gebiss die Regel. Seit das Zähneputzen zur täglichen Routine gehört und die Zahnärzte Karieslöcher fast unsichtbar stopfen können, schreckt der offene Mund das Anstandsgefühl viel weniger.

Lachgesichter mit aufgesperrten Mündern sind auf Werbetafeln an jeder zweiten Straßenecke zu finden. Die blinkenden Zahnreihen rund um eine gesunde rosa Zunge stehen für Wohlstand, Lebensfreude und Jugendlichkeit. Damit hat auch das Lachen, ob laut und schallend oder leise und stillvergnügt, viel an Wertschätzung gewonnen.

Liebe Lena,
Du spinnst doch völlig. Hast Du Dich schon mal umgeschaut, wie viele so ein Ding tragen? Ich werde Dich schon zum Lachen bringen. Kennst Du den?
Wie erkennt man einen freundlichen Motorradfahrer? An den Fliegen zwischen seinen Zähnen.
Haha, Karla

LACHEN IN DER WISSENSCHAFT:

Die Lachforscher (sogenannte Gelotologen) vermuten, dass schon die Höhlenmenschen lachten, um friedliche Absichten anzuzeigen. Und sie entdeckten, dass die alte Volksweisheit »Lachen ist gesund« tatsächlich stimmt. Während man sich vor Lachen biegt, wird die Atmung und die Durchblutung angeregt, die Muskeln entspannen sich und die Verdauung klappt besser. Es werden sogar Glückshormone ausgeschüttet. Kleine Kinder lachen bis zu 400 Mal am Tag. Erwachsene finden nur noch etwa zehn Mal am Tag etwas zum Lachen. Schade eigentlich.

Warum wurde Rülpsen unfein?

Wie jedes andere Säugetier muss der Mensch seine Nahrung mit den Zähnen klein kauen und sorgfältig mit Spucke durchmatschen, bevor er sie hinunterschluckt, da er sie sonst nicht verdauen kann. Je nach Zusammensetzung der Nahrung bilden sich im Körperinneren chemische Gase, die durch den Mund oder den Darm entweichen. Was dabei zu hören ist, war für die Biologen noch nie ein Problem, für die Manierenlehrer schon.

Die Ohren essen mit

Seit es Anstandserzieher gibt, führen sie einen erbitterten Kampf gegen alles, was mit der tierhaften Natur des Menschen zusammenhängt. Beim Essen betrifft das die Geräusche. »Es gibt für empfindliche Ohren keine widerlicheren Töne als diejenigen, die beim Essen und Trinken hervorgebracht werden«, liest man 1878. »So zu essen, dass niemand etwas davon hört«, wurde zu einer ihrer wichtigsten Essensregeln. Nur Babys konnten sie verzeihen, wenn sie vor Wonne schmatzend und grunzend ihren Hunger stillten. Für alle Übrigen war die Geräuschlosigkeit beim Essen der Beweis, dass sie gelernt hatten, ihre animalische Fress- und Sauflust zu beherrschen: »Man gewöhne sich, mit geschlossenem Mund zu kauen und das garstige, an gewisse Tiere erinnernde Geräusch wird wegfallen«, heißt es in einem Benimmleitfaden von 1899.

Erasmus von Rotterdam verlor noch nicht sehr viele Worte über das Schmatzen und Schlürfen. Er machte zwar eine kritische Anmerkung über manche Esser, die sich so viel auf einmal in den Mund stecken, dass »die Backen aufschwellen wie Blasebälge«, und andere, die »mit den Lippen ein Geräusch machen nach Art der Schweine«. Den Sinn einer Tischgesellschaft sah er jedoch zuerst darin, Fröhlichkeit zu verbreiten. »Iss so viel du kannst, dann wird sich der Wirt freuen.«

Essen und Trinken musste damals also noch nicht völlig geräuschlos vor sich gehen. Von dem Reformator Martin Luther, der zur selben Zeit lebte und ein gastfreundlicher Genießer war, wird behauptet, er habe seine Gäste einmal gefragt: »Warum rülpset und furzet ihr nicht? Hat es euch nicht geschmecket?« Ob er sich wirklich so derb ausdrückte, weiß man nicht genau. Sicher ist aber, dass es noch niemanden besonders störte, wenn beim Kauen, Schlucken und Verdauen mitunter Geräusche entstanden, denen man das Behagen beim Essen anhörte.

Eine gute und üppige Mahlzeit war wie ein Fest und kam nicht jeden Tag vor. Die Leute liebten es, genussvoll zu schmausen. Wann immer sich die Gelegenheit bot, aßen sie, so viel sie nur konnten. Niemand achtete auf seine Figur, im Gegenteil, Speck galt als Zeichen von Gesundheit und Wohlstand.

Das sah in späteren Zeiten völlig anders aus: Ein wohlerzogener Mensch sollte seine Nahrung lautlos und überhaupt nur in mäßigen Mengen zu sich nehmen. Essen war nicht zum Vergnügen da. Womöglich werde sonst die »selbstische (egoistische) Esslust« die Oberhand gewinnen, fürchtete ein besonders vorsichtiger Manierenlehrer 1897. Ihm war es schon nicht ganz geheuer, wenn ein Gast das Essen lobte und offen zugab, dass ihm einige Sachen auf seinem Teller besonders gut schmeckten. Ein manierlicher Mensch sollte seine Freude für sich behalten und weder in Worten noch in Geräuschen etwas von seinem Wohlbehagen laut werden lassen.

Hallo Annabell,
heute habe ich meine Oma zum ersten Mal schmatzen hören. Sie kam vom Zahnarzt und war noch halb betäubt, aber ziemlich hungrig. Weil sie doch sonst immer so eine feine Dame ist, musste ich ziemlich lachen. Da war sie beleidigt und hat in der Küche weitergegessen. Meinst Du, ich muss mich bei ihr entschuldigen?
Karla

Die Kunst der leisen Fürze

Am peinlichsten von allen Geräuschen fand man diejenigen, die unwillkürlich tief aus dem Inneren des Körpers kommen. Damit geht es uns heute nicht viel anders. Getränke mit Kohlensäure und schwer verdauliche Speisen erzeugen im Körper Gase, die unversehens mit Knattern und Zischen nach außen drängen. »Nordwinde« ist in England die dezente Umschreibung für die Rülpser. »Südwinde« sind in der menschlichen Anatomie entsprechend tiefer angesiedelt.

Heute in Englisch hatte ich so einen Schluckauf, dass ich fast verrückt geworden bin. Es war total peinlich, weil die anderen bei jedem Hickser gelacht haben. Zum Schluss musste ich sogar auf den Flur gehen.

Karla

Hallo Karla,
in Kalifornien gab es mal einen Mann, der hatte acht Jahre lang Schluckauf. Er probierte 44 000 Vorschläge aus, um das Hicksen anzuhalten, nichts hat geholfen. Meine Mutter sagt, man muss drei rothaarige, drei schwarzhaarige und drei blonde Männer mit Namen aufzählen. Bis du die alle zusammen hast, ist der Schluckauf weg. Oder einen Kopfstand machen und gleichzeitig aus einem Wasserglas trinken. An der Zunge ziehen, auf die Augen drücken und dabei drei Vaterunser aufsagen geht auch.

Hicks von Lena

»Eine entsetzlich gemeine Angewohnheit ist die des Aufstoßens«, entrüstete sich ein Ratgeber 1899. Nur Säuglinge durften nach dem Trinken ein »Bäuerchen« machen, damit sie durch zu viel geschluckte Luft kein Bauchweh bekamen. Schon der Ausdruck »Bäuerchen« zeigt, welcher manierenfernen Gesellschaftsschicht man das Rülpsen zuordnete.

In asiatischen Ländern sind die Geräuschregeln einfacher, zumindest für die »Nordwinde«. Da Asiaten selbst Nudelsuppe und Pudding mit Stäbchen essen, wobei sie die Essschale dicht unter den Mund halten, geht das Einsaugen von Nudeln oder Gemüse nicht ohne Schlürfen ab. Einen zarten Rülpser am Ende eines feinen Essens deutet ein Koch in Japan nicht als Unverschämtheit, sondern als Kompliment.

In Amerika dagegen macht der Drang zum Aufstoßen die wohlerzogenen Menschen so verlegen, dass sie lieber gleich Tabletten einnehmen, um die aufsteigende Luft im Magen zu unterdrücken.

Hallo Karla,
mein kleiner Bruder und sein Freund Till nerven tierisch. Sie üben, wie man absichtlich rülpst und dabei einen Buchstaben sagt. Ihr Ziel ist es, das ganze Alphabet durchzurülpsen. Till kommt schon bis zum Buchstaben M, mein Bruder erst bis K. Jetzt strengt er sich umso mehr an. Hat womöglich Fred den beiden diese Idee in den Kopf gesetzt?

Annabell

Hochverehrtes Fräulein von Annabell,
glücklicherweise lässt unser eigenes untadeliges Benehmen solche Abscheulichkeiten a-b-s-o-l-u-t nicht zu. Oder können Sie sich etwa noch an den Schlürfwettbewerb im Sommerferienlager erinnern, bei dem zwei vornehme Damen namens Karla und Annabell als Siegerinnen hervorgingen? Ganz gewiss ebenso wenig wie ich.
Mit ergebenen Grüßen Ihre Karla

Was der humanistische Gelehrte Erasmus von Rotterdam über die Blähungen sagte, erscheint uns

DURFTEN RITTER WIRKLICH RÜLPSEN?

Von dem Dichter und Ritter Tannhäuser stammt eine der frühen Sammlungen von Tischregeln. Schon im 13. Jahrhundert kritisierte er, wenn ein Ritter ins Tischtuch schnäuzte, sich beim Essen das Ungeziefer vom Leibe kratzte oder laut schmatzte, rülpste und furzte. Er fand dieses Verhalten bäurisch und wenig vornehm, doch was Tannhäuser bei seinen ritterlichen Tischgenossen als Problem erkannte, war mit Sicherheit noch eine verbreitete Gewohnheit. Man sollte es nicht tun, aber jedermann tat es. Das Verhältnis der Menschen zu ihrem Körper, seinen Bedürfnissen und Geräuschen war damals noch ziemlich unbefangen. Gegen leise Entladungen in alle Richtungen hatte ohnehin niemand etwas.

heute erstaunlich offen und großzügig. Wie schon beim Ausspucken war er auch bei den Darmwinden davon überzeugt, dass überflüssige Stoffe der Gesundheit zuliebe unbedingt ausgeschieden werden mussten.

Für die damaligen Ärzte waren üble Gerüche immer ein Hinweis auf versteckte Krankheiten. Die fauligen Gase, die sich beim Aufstoßen und bei Blähungen den Weg nach draußen suchen, fanden sie zumindest bedenklich. Sie glaubten, dass Menschen, die diese stinkenden Dämpfe in ihrem Leib einsperrten, über kurz oder lang krank würden.

Es schade der Gesundheit, wenn man die Hinterbacken zusammenkneift, um drohende Winde zurückzuhalten, warnte auch Erasmus. Er riet seinen Schülern: »Wenn man einen Wind ohne Knattern fahren lässt, ist es am besten«. Wenn sie das nicht schafften, sollten die von Blähungen geplagten Schüler das peinliche Geräusch mit einem Husten vertuschen.

Manche Körperhaltungen waren offenbar für die Zeitgenossen eindeutig »windige« Zeichen. Der italienische Hoflehrer Giovanni della Casa riet im 16. Jahrhundert davon ab, während des Essens unruhig auf dem Stuhl hin und her zu rutschen. Alle anderen würden sonst denken, man furze gerade heimlich.

Durch alle Zeiten blieb – trotz aller Peinlichkeit, die durch »Süd-« und »Nordwinde« erregt wird – eine eigentümliche Faszination an den selbstproduzierten, körpereigenen Geräuschen erhalten. Kleine Kinder betrachten nicht nur ihren Kot mit Stolz. Sie finden auch ihre Winde in Geruch und Lautstärke zumindest bemerkenswert.

Auch viele Erwachsenen empfinden eine kleine heimliche Lust an der Übertretung des Furzverbotes. Das Schamgefühl darüber, dass jemandem in der Öffentlichkeit »etwas Menschliches passiert«, schlägt dann leicht in verlegenes Gelächter um. In dem Gekicher stecken ebenso viel Schadenfreude wie Erleichterung. Man ist froh, dass man nicht selbst der Übelriecher ist, weiß aber genau, dass es einem geradeso gut selbst hätte passieren können. Anders als beim Räuspern, Rülpsen oder Gähnen erlauben die guten Manieren dem Verursacher keine akzeptable Entschuldigung für seinen hörbar entwichenen Furz. Wenn sie sich das Lachen verkneifen können, bleibt den Ohren- und Nasenzeugen nur Schweigen. Sie tun so, als hätten sie nichts bemerkt und rücken allenfalls ein bisschen zur Seite.

DER KUNSTFURZER

Der Franzose Jean Pujol (1857–1945) entdeckte schon als Junge sein seltenes Talent. Er konnte mit seinem Darmschließmuskel Luft einsaugen und sie ebenso geräuschvoll wie geruchsfrei wieder ausstoßen. Als »Le Pétomane« (péter heißt furzen) trat er im berühmten Pariser Nachtclub Moulin Rouge auf und verdiente mit seinen rückwärtigen Fähigkeiten viel Geld. Er machte Donnergrollen, Stoffzerreißen und Tierstimmen nach und schaffte es, auf 20 Meter Entfernung eine Kerze auszulöschen. Mit seinem Hintern spielte er sogar Blasinstrumente. Ein Höhepunkt war seine Interpretation des Erdbebens in San Francisco von 1906.

Hallo Karla,
nur zur Information: Ein Mensch produziert täglich bis zu einem Liter inwendiges Gas. Bis zu zwanzig Fürze am Tag sind also ganz normal. Wenn man genügend Kraut und Hülsenfrüchte isst, kann man die Anzahl erheblich steigern. Ich werde das demnächst überprüfen. Auch Antibiotika wirken furzfördernd, probier' ich aber lieber nicht aus.
Falls Du Dich für die Gerüche interessierst, es sind alles Methangase und Schwefelverbindungen. Die schlimmsten entstehen nach Rosenkohl, Zwiebeln, Chili, Eiern oder Bier. Auch dazu plane ich eine Kontrollserie am eigenen Leibe.

Fred

Hallo Fred,
ich habe im Internet ein paar Sachen für Dich herausgefunden. In den USA hat jemand eine Schutzunterhose mit eingebautem Geruchsfilter (Patent-Nr. 5593398) erfunden. Schade, dass sie nie hergestellt wurde. Sie wäre ideal für Dich gewesen.
Dann habe ich noch eine gute Nachricht für Deine Nahrungsmittel-Selbstversuche. Bolivianische Forscher haben es geschafft, Bohnen so zu züchten, dass man nicht mehr furzen muss. Magst Du überhaupt Bohnen oder isst Du sie nur wegen der Wirkung?

Karla

Umso stärker blühen im Verborgenen Witze und Spottverse über die verpönten Winde. Die Scherzartikelindustrie nutzt – vor allem in der Fasnachtszeit – die peinliche Manierenfalle und bietet Würfelzuckerstückchen an, die Blähstoffe enthalten oder Pupskissen, die man nichtsahnenden Mitmenschen unterschieben kann, um sie in Verlegenheit zu bringen.

Außen hui, innen pfui

Der schlimmste Vorwurf von Anstandslehrern war immer ein Vergleich mit den Vierbeinern, die sich beim Fressen weder um die Geräusche noch um eine reinliche Umgebung kümmern. Als alle Welt noch mit den Händen aß, war es normal, dass die Finger zwischendurch immer mal wieder fettig wurden. Niemand verschlug es deshalb gleich den Appetit. Erst seit der Verbreitung der Gabel wurden reinliche Hände zum Beweis von guten Manieren. Neben den sauberen Fingern entwickelten sich die Lautlosigkeit und der appetitliche Anblick zu wichtigen Aufgaben der Tischerziehung. Essensreste, Abfälle, Verschmiertes und Unreinliches fanden die Leute bei Tisch nun unerträglich.

Wenn ein Kind das Mark eines kleinen Knochens aussaugte, während es auf das Dessert wartete, hielt man dies zur Zeit des Erasmus von Rotterdam noch für einen durchaus akzeptablen Zeitvertreib. Wenn es aber »wie ein Hund« am Knochen herumnagte, galt das – schon wegen der Ähnlichkeit zum fressenden Tier – bereits als scheußlich. Ein späterer Anstandslehrer quälte sich dann schon richtig mit der Vorstellung, dass ein Esser einen Knochen »so, dass man es merkt«, wieder aus seinem Mund herauszog.

Die Lippen sind das Eingangstor zu dem geheimnisvollen und dunklen Röhrensystem im Körperinneren, das wir beim besten Willen nicht beherrschen können. Wenn ein Bissen einmal zwischen den Zähnen verschwunden ist, gibt es aus der Sicht der guten Manieren kein elegantes Zurück mehr. Was mit dem Essen tief drinnen im Körper passiert, ist beunruhigend und in jedem Fall furchtbar unfein. Hier brodeln die ätzenden Magensäfte, und der Verdauungsvorgang macht auch aus den appetitlichsten Speisen einen undefinierbaren Matsch, vom Geruch ganz zu schweigen. Die Anstandsregeln setzten alles daran, um von diesen peinlichen Tatsachen so viel wie möglich zu verbergen.

Der Blick in einen gut gefüllten Schmatzmund löste schon vor Jahrhunderten unangenehme Gefühle aus. Obwohl der Speisebrei im Mund im Grunde nicht viel schlimmer aussieht als das, was ein Pürierstab in der Küche anrichtet, hat der Kampf um geschlossene Lippen beim Kauen bis heute nicht nachgelassen.

Auch der Mund und die Zunge gehören zu diesem unbehaglichen Innenbereich. Dass jemand bei Tisch seinen Löffel mit langer, sichtbarer Zunge von allen Seiten abschleckte, erregte bei einem alten Anstandlehrer großen Widerwillen. »Den Mund halte stets leicht geschlossen und lass die Zunge nicht blicken«, schrieb er 1798.

Wenn ein späterer Benimmlehrer 1949 einen Esser beschreibt, der beim Zähnestochern »die geförderten Speisereste tiefsinnig betrachtet und wieder in den Mund schiebt«, sind ihm seine Ekelgefühle deutlich anzuhören. Manchen der Anstandswächter peinigte allein schon das Bild, wenn jemand auf seinem Teller Kartoffeln, Fleisch und Soße zu einem bräunlichen Schlamm zusammenmatschte. Wahrscheinlich fiel ihm beim Anblick des Speisebreis unbewusst gleich das in der Farbe ganz ähnliche Verdauungsprodukt ein.

Ebenso wenig sind Nase und Ohren – vom Standpunkt des guten Benehmens aus – harmlose Körperöffnungen. Nichts, was den menschlichen Körper verlässt, kommt ungestraft an den Manieren vorbei.

OHRENSCHMALZ UND NASENPOPEL

Was aus der Nase rauszubohren
Und das Schmalz aus den Ohren zu holen
Und beides ganz verstohlen
Zu einem Kügelchen zu drehen
Und das genau zu besehen
Und ein bisschen zu belecken
Und es hierauf in den Mund reinzustecken,
Das finden die meisten Leute abscheulich.
Aber für mich ist es so erfreulich
Wie sonst nichts im Leben.
Drum muss ich es mir
Dreimal täglich geben.

CHRISTINE NÖSTLINGER

Das weiß jedes Kind, das einmal gedankenverloren in der Nase gebohrt hat und dabei von einem Erwachsenen beobachtet wurde. Selbst wenn die Schleimhäute durch die Heizungsluft so trocken sind, dass sich die Borken in der Nase kaum anders lösen lassen als mit einem geschickten Fingerchen, gilt das nicht als Entschuldigung. Frisch gebohrte Popel oder eben erst gehobenes Ohrenschmalz sind peinliche Produkte aus dem dunklen Körperinneren, die empfindliche Mütter in Panik versetzen können. Übrigens bestehen Nasenpopel vor allem aus Eiweiß und sind nicht giftig.

Haare in der Suppe

Zeitlose Appetitverderber bleiben die unvorhersehbaren Missgeschicke und Ausrutscher, auf die selbst der feinste Esser nicht immer gefasst ist. Was tun, wenn aus dem Salat eine Spinne kriecht?

Lieber Patenonkel,
heute bin ich um 10 Euro ärmer geworden. Das kam so: Beim Mittagessen in der Schulmensa war in meinem Blumenkohl eine dicke grüne Raupe. Sie war natürlich gekocht und tot. Trotzdem hat es mir unheimlich gegraust. Fred hat gemeint, ich soll mich nicht so anstellen und für 10 Euro würde er sie aufessen. Ich habe ihm nicht geglaubt. Und dann hat er es gemacht. Mit einem Haps! Kannst Du Dir so was Ekliges vorstellen?
Deine Karla

Was man eklig findet, ist nicht immer und überall gleich. Während die Menschen in manchen afrikanischen Ländern Maden, die sehr nahrhaft sind, mit Genuss verspeisen oder voller Freude dunkle Blutsuppe schlürfen, dreht sich sensiblen Feinschmeckern in Amerika schon der Magen um, wenn sie sich nur vorstellen, dass deutsche Wurst im Naturdarm auf den Teller kommt. Allein das Wort Darm transportiert für sie so viel Widerwillen, dass der leckere Geschmack kein Argument mehr ist.

Viele der Gruselgefühle versteht man erst, wenn man das Drumherum genauer betrachtet. 1797 kritisierte der Verfasser eines »Leitfadens für Anstand, Würde und männliche Schönheit« die gekünstelten Manieren der Hofdamen und Höflinge. Er verachtete sie, wie sie »alle Augenblicke Ballettsprünge machen, französische Verschen rezitieren, sich herumjagen, Kinderspiele treiben und sich in der Gesellschaft zum Narren machen«. Stattdessen stellte er sich einen »biederen, deutschen Mann« vor, dem so ein aufgedrehtes Verhalten ganz fremd und unnatürlich sei. Niemals, so hoffte er, würde ein einfacher Bürger »Ohnmachten affektieren« (vortäuschen) und »halb des Todes sein«, bloß weil »eine Maus oder eine Spinne dahin läuft«.

Vernünftige Männer und Frauen mussten auch beim Essen etwas mehr aushalten können als die gezierten Adeligen, fand er. »Findest du etwas Unsauberes im Essen, ein Haar, eine Made, eine Kohle, so mache deswegen kein Lärmen, sondern lege es in der Stille an den Rand deines Tellers und lass keinen lächerlichen oder eigensinnigen Ekel blicken.«

Da lag es nun. Es sollte tapfer übersehen werden und war doch sichtbar dem Appetit im Wege. »Wenn es dich ekelt«, gestattete einer der gestrengen Ratgeber, »so gib deinen Teller bei schicklicher Gelegenheit ab und bitte um einen anderen«. Auf keinen Fall sollte man dabei »Aufsehen erregen«. Das unappetitliche Missgeschick anzusprechen, wäre für Gastgeber und Gäste gleich unangenehm gewesen.

Ganz besonders widerwärtig fanden es die alten Manierenlehrer, »mit dem Puderkopfe über den Teller der Dame zu kommen«.

Die Gefahr, dass mit Pomade versteifte Haare, Puderstaub oder im schlimmsten Fall auch kleine Tierchen auf die Teller fallen könnten, war gar

PUDER UND PERÜCKEN

Wer im 17. und 18. Jahrhundert anständig aussehen wollte, trug eine Perücke oder hatte wenigstens gepuderte Haare. Ludwig XIV. beschäftigte in Versailles 48 Perückenmacher und hatte sogar im Bett eine Perücke auf. Die Herren trugen weiße lange Lockenperücken. Die Frisuren der Damen waren so kompliziert und hochgetürmt, dass sie gar nicht jeden Tag neu gekämmt wurden. Sie verbrachten ihre Nächte halbsitzend auf einer Chaiselongue (einer Art Sofa). Als ultrafestes Styling-Gel verwendete man parfümiertes Schweineschmalz und als Farbfestiger weißes Weizenmehl. Auch die Frauen aus den unteren Ständen waren am Sonntag stundenlang mit ihren Haaren beschäftigt. Die Kinder waren stolz, wenn sie ihre erste gepuderte Frisur bekamen. Sogar die Soldaten trugen mit Mehl bestreute Schmalzlocken an den Schläfen.

nicht so klein. Denn ein großer Nachteil der gepuderten Haarfrisuren waren die kleinen Mitbewohner. Die haarigen Gebilde lockten eine Menge Läuse und Flöhe an, die sich darin ganz zu Hause fühlten. Manche Perückenträger steckten kleine Flohfallen in ihre Locken, oder sie bewahrten das verlauste Haarteil über Nacht in einem Vogelkäfig auf. Der Kanarienvogel fand immer reiche Beute.

Um sicher zu sein, dass beim Servieren nichts von den Köpfen der Diener auf das Essen des französischen Königs fiel, hatte man schon am Königshof von Versailles angefangen, bauchige silberne Abdeckhauben über die königlichen Teller zu stülpen. Auf den Servierwagen in feinen Hotels und Restaurants werden die Speisen heute noch ähnlich geschützt, und man achtet sorgfältig darauf, dass Kellner und Kellnerinnen keine Frisuren tragen, aus denen einzelne, lange Haare abstürzen können.

Die Empfindlichkeit gegenüber allen Sorten von »Abfällen« aus der Frisur hat sich gehalten. Obwohl Haare und Schuppen nichts wirklich Schmutziges sind, ertragen wir ihren Anblick auf Kragen und Schultern nicht gut und fürchten beim Essen kaum etwas mehr als das berühmte »Haar in der Suppe«, selbst wenn es frisch gewaschen wäre.

Kein Wunder, dass sich die Leute früher fürchteten, wenn jemand »seinen Puderkopf« zu weit über den Nachbarteller beugte. Obwohl Weizenmehl verwendet wurde, wollte man nichts davon in seiner Suppe haben. Noch viele Jahre später erregte es das »höchste Missfallen« eines Anstandslehrers, als er beobachtete, wie elegante Damen im Café mit ihrer Puderdose herumhantieren und »über Tee und Kuchen gebeugt, mit der Puderquaste fuchteln und in ihrem Gesicht herumfahren«.

Der Luftraum über dem eigenen Teller wird bis heute streng verteidigt. Die Platzgedecke auf dem Esstisch ähneln kleinen Privatgrundstücken. Wenn ein Gast ungefragt über das »Hoheitsgebiet« seines Nachbarn hinwegfasst, empfindet der das fast als feindlichen Angriff. Wenn man also etwas essen möchte, das nicht direkt vor dem eigenen Teller steht, bleibt nicht anderes übrig, als darum zu bitten. Nur so funktionieren die diplomatischen Beziehungen zwischen den Tischnachbarn reibungslos.

SPARSAMER WIDERSTAND

Der verschwenderische Herzog Karl Eugen von Württemberg rügte einst den württembergischen Pfarrer Johann Friedrich Flattich, weil der seine Haare nicht puderte. Als sparsamer Schwabe antwortete Flattich: »Ich brauch' mein Mehl für meine Knöpfle« (eine Nudelart).

Hallo Annabell,
Fred ist einfach widerlich. Als er heute, natürlich ohne zu fragen, quer über meinen Teller nach dem Brot langte, tauchte sein Ärmel in meine Soße. Als ich es ihm sagte, meinte er nur: Macht nichts, der war sowieso schon dreckig. Ich konnte nicht mehr weiteressen, das kannst Du mir glauben.
Karla

Was ist unter dem Tisch los?

Für eine gruselfreie Tischkultur fehlte nur noch die Erziehung der Sprache und der Gedanken. Auch darum kümmerten sich die Anstandsbücher. Schlimme Worte sucht man in den Ratgebern allerdings vergeblich. Nicht einmal, um deutlich davor zu warnen, nahm ein Manierenlehrer Flüche oder Schimpfwörter in den Mund. Keiner von ihnen verrät uns, was man früher sagte, um besonders fies und beleidigend zu sein. Erasmus von Rotterdam riet ganz allgemein, alle Themen rund um die Latrine – wie das Klo auch heißt –, den Gestank und die Übelkeit zu meiden.

Hallo Karla,
ich habe in einem alten Buch tolle alte Schimpfwörter gefunden und werde sie morgen auf dem Schulhof ausprobieren. Was hältst Du von Spitzbube, alter Krachwedel oder Maulaffe? Nicht schlecht finde ich auch Schlingrabe oder Schmierwanst. Oder meinst Du, meine eigenen Erfindungen wie Pflanzenfresser oder Vollpfosten wirken besser?

Fred

Als Karlas Oma jung war, wurden in den Anstandsbüchern selbst harmlose Worte wie »prima, famos und pyramidal« als »Kraftausdrücke« angesehen, die junge Mädchen unter keinen Umständen benutzen sollten. Ziemlich sicher ins Fettnäpfchen trat man mit allem, was mit den Funktionen des Körpers zu tun hatte. »Man spricht nicht vom Schwitzen, Verdauen, Sattsein und Schnupfen Haben. Junge Mädchen haben insbesondere den Ausdruck ›mir ist so heiß‹ zu unterlassen«, forderte ein Manierenexperte 1921. In seiner Fantasie hatte das Wort »heiß« bereits einen sexuellen Beiklang, selbst wenn ein Mädchen wirklich nur vor Hitze glühte. Stattdessen sollten sie »transpirieren« sagen, oder noch besser »mir ist warm« oder »wir waren sehr erhitzt«, wie ein anderer Benimmlehrer 1957 vorschlug. Man vermied das »derbe« Wort Dreck und sagte lieber Schmutz. Einen fetten Mann nannte man »stark«, eine klapperdürre Frau »schlank«.

Völlig ausgeschlossen für eine Konversation bei Tisch war alles, was auch nur entfernt mit den Verdauungsvorgängen oder der Sexualität zu tun hatte. »Junge Damen mögen die gute alte Anstandsregel beherzigen, nach welcher in Gesellschaft niemals von dem gesprochen wird, was ›unter dem Tisch‹ ist«, heißt es 1921. Die Tischhöhe entspricht ungefähr der »Gürtellinie«. Sie trennte sprachlich das Anständige vom Unanständigen. Alle Körperteile zwischen Tischkante und Fußboden waren unansprechbar, die meisten hatten nicht einmal einen Namen. Auch die Kleidungsstücke, die sich in dieser Dunkelzone »unter dem Tisch« befinden, erwähnte man nicht. In Anwesenheit von Damen sollte ein Herr »nie von seinen Hosen sprechen, noch weniger von seinen Hühneraugen« (1903). Eine Dame durfte nicht von ihren Strümpfen und erst recht nicht von ihrem Korsett erzählen.

Das abwertende Urteil, ein Thema sei »unter der Gürtellinie« gewesen, heißt bis heute, dass sich das Gespräch um sexuelle Fragen drehte.

Bei Tisch sollten nur edle und gewählte Worte fallen, die frei waren von unsittlichen Anspielungen. Doch das Gegenteil passierte: Je mehr die Sprache von peinlichen Worten gereinigt wurde, desto reicher blühte die Fantasie. Um trotzdem auch in Gesellschaft über die verbotenen, aber hochinteressanten Themen sprechen zu können, wendeten die Erwachsenen ihren ganzen Einfallsreichtum auf. Sie machten Andeutungen, die von Kindern nicht verstanden wurden, oder sie erfanden Geheimwörter. Ein Mädchen war »unpässlich« oder »unwohl«, wenn es seine Menstruation hatte. Schwangere Frauen befanden sich, »in anderen Umständen« oder waren »guter Hoffnung«. Der dicke Bauch der

INS FETTNÄPFCHEN TRETEN

bedeutet, dass man es sich unabsichtlich mit jemandem verdirbt. In Bauernhäusern stand der Fettnapf direkt an der Tür, damit man sich bei Regenwetter die Stiefel einfetten konnte. Wer aus Versehen in den Napf trat, beschmutzte die Stube und ärgerte die Bäuerin.

werdenden Mutter erweckte peinliche Gefühle, war er doch ein unübersehbarer Beweis dafür, dass eine unanständige Begegnung »unter der Gürtellinie« vorangegangen sein musste. Die Anstandsbücher rieten, diesen kritischen Zustand einfach rücksichtsvoll zu übersehen. Frauen sollten ihre Schwangerschaft so lange wie möglich verbergen. »Die künftige Mutter halte darauf, ihre Kleidung so zu wählen, dass die lieben Nächsten möglichst lange im Unklaren darüber bleiben, was im Werke ist«, rät ein Verfasser 1908. Den Kindern wurde es verheimlicht, wenn ihre Mutter ein Geschwisterchen erwartete. Statt Geburt sagte man »freudiges Ereignis« und erzählte den Kindern, der Klapperstorch habe das Kind in die Wiege gelegt und die Mutter ins Bein gebissen.

Wenn ein Ehepaar abends müde war, ging es nicht einfach ins Bett. Diesen Ausdruck hätte man als zweideutig und schmutzig empfunden. »Ins Bett gehen« war in der Zeit der vielen verbotenen Worte eine eindeutige Bezeichnung für Sex. Ein besonders manierenbewusstes Paar sagte vor dem Schlafengehen: »Wir ziehen uns zurück«.

Die feinen Hofdamen sollen sich mit der zierlichen Entschuldigung »ich gehe eine Rose pflücken« auf den Weg zum Klo gemacht haben, spätere Frauengenerationen verzogen sich mit der gleichen Absicht zum »Nasepudern« oder zum »Frischmachen«. Japaner entschuldigen sich auch heute noch in Gesellschaft mit der Bemerkung »ich bin unhöflich«, wenn sie zum Pinkeln gehen. In Amerika sind für den manierlichen Sprachgebrauch bis in die Gegenwart keine Toiletten vorgesehen. Stattdessen geht man zum »bathroom« oder zum »restroom«, und findet dort meistens weder ein Badezimmer noch einen Raum zum Ausruhen, sondern ein ganz normales Klo.

Viele der Anlässe, bei denen wir uns so richtig vor Ekel schütteln müssen, sind über alle Jahrhunderte hinweg gleich geblieben. Sie hängen eng mit dem Körper und seinen natürlichen Bedürfnissen zusammen. Was in zerkauter, verdauter, ausgespuckter oder zu Popeln und Ohrenschmalz verarbeiteter Form aus den verschiedenen Körperöffnungen wieder zu Tage tritt, ist für die meisten Menschen in höchstem Maße abstoßend. Freilich waren die peinlichen Gefühle nicht zu allen Zeiten gleich. Karlas Großmutter erinnert sich noch gut, wie sehr sie jedes Mal die Blähungen fürchtete, wenn ihre Mutter Linsen kochte. Lieber nahm sie heftiges Bauchweh in Kauf, als dass sie sich mit einem befreienden Wind schlecht benommen hätte. Aber in die extreme Empfindlichkeit, die zur Zeit ihrer Großeltern herrschte, als man so harmlose Worte wie »Hose« oder »Strümpfe« kaum über die Lippen brachten, kann auch sie sich nicht mehr hineindenken. Dass es allerdings einmal eine Zeit gab, in der die Anstandserzieher Rülpser und Fürze, wenn sie nur leise genug waren, der Gesundheit zuliebe tolerierten, findet sie nach wie vor einfach nur unglaublich.

Gab es ein Leben ohne Hut?

Ein Kaminfeger trifft zufällig unterwegs den König. »Servus, alter Junge«, sagt der Kaminfeger, haut dem Herrscher auf die Schulter und schüttelt lange seine Hand. »Sie haben aber einen schönen Hut auf«, sagt der König und verbeugt sich tief, »kann ich mir den mal leihen?« Dann schauen die beiden zusammen kurz bei der Prinzessin vorbei. Sie macht vor dem Schornsteinfeger einem tiefen Knicks, denn sie findet ihn sehr süß. Anschließend gehen alle zusammen einen trinken. Völlig ausgeschlossen, meint ihr? So was kann es nie im Leben gegeben haben? Da könnte was dran sein.

Ein Bückling war kein Fisch

In den alten Manierenbüchern ist nie einfach nur von Begrüßung die Rede. Wenn sich zwei Herren begegneten, »bezeigten sie einander Ehrerbietung« und verbeugten sich. Dass eine Verbeugung keine besonders gleichberechtigte Geste ist, merkt man gleich beim ersten Ausprobieren. Mit gesenktem Kopf und gekrümmtem Rücken kann man sich unmöglich auf gleicher Höhe in die Augen schauen.

Damals hatten die meisten Leute keine solchen Vorbehalte. »Gott hat in seiner Weisheit verschiedene Grade oder Gesellschaftsstufen geschaffen, Vorgesetzte und Untergebene, Hohe und Niedere, Arme und Reiche«. So lehrte 1894 ein »Anstandsbüchlein für das Volk«. Weil fast alle genauso dachten, fanden sie es vollkommen in Ordnung, sich voreinander zu verbeugen und dabei ziemliche Unterschiede zu machen. Ob jemand adelig war oder dem Bürgertum angehörte, ob einer ein hohes Amt hatte oder ein armer Schlucker war, ob man einer alten Frau begegnete oder einem Kind, die ehrerbietige Verbeugung fiel für jeden ein wenig anders aus. Die Regeln waren so kompliziert, dass man schon bei der ersten Begegnung alles in den Sand setzen konnte. Zur Reverenz, wie man die Verbeugung nannte, kam noch das »Kompliment«. Das waren Floskeln wie »ergebenster Diener«, »habe die Ehre«, »ich empfehle mich« oder »küss die Hand«, wie man heute noch in Österreich sagt.

Je höher man den Grußpartner über der eigenen Stellung vermutete, desto tiefer wurde der Bückling. »Verbeuge dich vor vornehmen Personen, aber verweile nicht sklavenartig lange in der gebückten Haltung«, riet der Verfasser eines Manierenratgebers 1897.

Hi Karla,
heute habe ich gesehen, wie Kostas den Fingerring seines griechischen Priesters geküsst hat. Das kommt mir ganz unhygienisch vor. Da weiß man doch nie, wer vorher seine Schlabberlippen draufgedrückt hat. Kostas sagt, es ist wegen der Religion, aber ich würde das ja nie machen wollen.

Küsschen von Lena

Fuhr ein Fürst über Land, so hatte er ein Recht darauf, dass seine Untertanen ihre Arbeiten sofort unterbrachen und ehrerbietig grüßend am Straßenrand standen. Saß man selbst in einer offenen Kutsche und begegnete unterwegs noch höheren Herrschaften, so wurden die Pferde gezügelt, während die Insassen sich von ihren Sitzen erhoben. Man verbeugte sich angemessen voreinander und die Herren neigten den Hut.

Nur vor Gott und seinen Vertretern auf Erden bückten sich alle gleich tief, ob sie nun Fürsten oder Straßenbahnschaffner waren.

Die Eltern sind die Vorgesetzten

In der Familie funktionierte dieses Modell ganz ähnlich. Die Eltern waren Respektspersonen und forderten Ehrerbietung von den Kindern und den Dienstboten. Sie selbst schuldeten übergeordneten Dienstherren, dem Landesfürsten und, vor allen anderen, Gott ihre Ehrerbietung. »Unsere natürlichsten Vorgesetzten sind die Eltern«, belehrte ein Anstandsbuch 1894 seine jungen Leser, »sie vertreten die Stelle Gottes«. Die Kinder standen weit unter ihren »vorgesetzten« Eltern. Die Liebe zu Vater und Mutter war – genauso wie die Liebe zu Gott – immer mit Furcht und Ehrfurcht vermischt. Es gab zwar damals schon Kinder, die sich darüber wunderten, dass sie den lieben Gott im Gebet mit »Du« anreden durften, zum eigenen Vater aber »Sie« sagen mussten. Doch auch sie wussten genau, was sich für ein folgsames Kind gehörte: »Ich habe meine Mutter nie Du genannt, sondern immer nur Mama und Sie; sie selbst sagte zu mir gewöhnlich: Fritze und Er«, erzählt ein Lehrer 1841 von seiner Kindheit. Heute würde sich das etwa so anhören: »Fred, hol Er doch für sich und seine Kameraden eine Pizza aus der Tiefkühltruhe!« »Gerne, Frau Mama, würden Sie uns die Ehre erweisen und mit uns zusammen essen?«

PAPA MOZART

Der berühmte Komponist Wolfgang Amadeus Mozart (1756–1791) redete seinen Vater immer mit »Sie« an. Er grüßte ihn in seinen Briefen mit der untertänigen Wendung: »Ich küsse dem Papa 1000 Mal die Hände und bin ewig dero gehorsamster Sohn«. Da war er schon 21 Jahre alt.

Früher erschienen der »Herr Vater« und die »Frau Mutter« den Kindern fast wie Wesen aus einer anderen Welt. »Du darfst mit deinen Eltern nie auf einem vertrauten Fuße leben, nie mit ihnen schäkern, nie Neckereien an ihnen ausüben, dich auch nie mit ihnen gemein machen«, warnte 1792 ein Anstandslehrer. Damit meinte er, dass Kinder in ihren Eltern auf keinen Fall gleichberechtigte Spielkameraden vermuten durften. Die Eltern forderten Hochachtung, und die Verbeugung zur Begrüßung war Manierenpflicht. »Wenn wir zu unseren Eltern in das Zimmer kamen, machten wir an der Tür unsere Reverenz, näherten uns und küssten sowohl ihnen als jedem anwesenden Fremden die Hand. Diese Zeremonie war sehr nützlich; man gewöhnte sich, sich anständig zu betragen und älteren Leuten

Ehrerbietung zu beweisen,« schreibt Friedrich von der Marwitz, der 1777 geboren wurde, in seinen Erinnerungen.

Oma,
wie hast Du eigentlich zu Deinen Eltern gesagt? Annabell sagt »Mum« und »Dad«, Lena »Mami« und »Papi«, ich sage meistens Wolfgang und Bettina, und Fred redet immer nur von seinen »Alten«. Aber ich glaube nicht, dass er sie auch wirklich so anspricht.

Deine Karla

Liebes Fräulein Karla,
eine weniger respektvolle Anrede als Vater und Mutter wäre bei uns zu Hause nicht erwünscht gewesen. Mein Vater sprach von seiner Frau als seiner »Gattin« oder »Gemahlin«, und wenn er mich vorstellte, war ich sein »Fräulein Tochter«. Er legte nun mal sehr viel Wert auf korrekte Formen, auch wenn es in anderen Familien längst üblich war, Mama und Papa zu den Eltern zu sagen.

Sei herzlich gegrüßt von Deiner Frau Großmama

Die Grundlage der Ehrerbietung, die man sich von den Kindern wünschte, war der Gehorsam. »Gehorche ohne Widerrede sofort, unbedingt und freudig«. So stellte sich der Verfasser eines Anstandsbuches um 1900 ein Kind mit vollkommenen Manieren vor. »Begegne deinen Eltern bescheiden und unterwürfig, antworte ehrerbietig, sei nie barsch und trotzig, reize sie nicht durch Widerspruch zum Zorn, murre nicht, wenn sie dich tadeln«. Die Erwachsenen waren überzeugt, dass sie ihre Kinder auf diese Weise am besten für das spätere Leben vorbereiteten. Sie wollten sie frühzeitig daran gewöhnen, sich zu fügen und anzupassen. Eigenwillige Leute mit einem Dickkopf hatten es in dieser Zeit nicht leicht.

Ehre für alte Besserwisser

Je älter ein Mensch wurde, desto mehr Ehrerbietung gebührte ihm. Erwachsene erwarteten von Kindern ganz selbstverständlich, dass sie ihnen die Türe aufhielten. So hatten auch die großen Brüder und Schwestern mehr Rechte als die kleinen Kinder in der Geschwisterreihe. »Jüngere Geschwister mögen gegen die älteren respektvoll sein und sich manches von ihnen gefallen lassen«, setzte ein Manierenbuch um 1900 als Regel fest. Auf diese Weise lernten die Kleinen ihre ersten Lektionen in Ehrerbietung. Der große Bruder bekam eine größere Portion Kuchen und durfte länger aufbleiben als die jüngeren Geschwister, einfach deshalb, weil er älter war. Dafür mussten die großen Geschwister nicht selten die Verantwortung für das Benehmen der jüngeren Kinder übernehmen. Weil die Großen wiederum den Eltern gehorsam sein mussten, waren sie gewissenhafte Erzieher. Für die Kleinen war Wachsen nicht nur der Traum vom Groß- und Starksein. Jedes erreichte Lebensjahr war wie ein kleiner Aufstieg und brachte ein wenig mehr Anerkennung mit sich.

Du Karla,
meine Mutter ist so was von unfair. Bloß weil Tobias noch süß und klein ist, kriegt er, was er will. Gestern machte sie ihm sein Lieblingsessen, obwohl sie genau weiß, dass ich es nicht ausstehen kann, und heute sind sie zusammen in den Zirkus. Zu mir sagt sie, ich sei schon groß genug, um auch allein was zu unternehmen.

Annabell

Bei Gesprächen und Debatten hatten die Senioren immer das erste Wort. Wenn jemand aus der älteren Generation redete, sollten die Jüngeren schweigen. Wer trotzdem einfach losplapperte und seine Meinung sagte, war vorlaut. »Vorlaut zu sein, ist ein Gebaren, vor dem die Jugend nicht genug gewarnt werden kann«, betonte ein Benimmerzieher um 1900.

Damals steckte in dem Respekt vor den Ansichten der Älteren noch ganz praktischer Nutzen. Die jungen Zuhörer ehrten die Lebenserfahrung und profitierten von den Kenntnissen der alten Menschen. Die Jugend wurde in den Anstandsbüchern ermahnt, die Ratschläge der Alten mit »lernbegieriger Aufmerksamkeit« aufzunehmen. »Damit erwerben sie sich das Wohlwollen der Älteren und vielleicht auch manche günstige Chance für die eigene Zukunft«, glaubte ein Anstandslehrer 1878.

Je schneller sich jedoch die Arbeitswelt veränderte und das alte Wissen von neuen Erkenntnissen überholt wurde, desto weniger war die Ehrfurcht wert. Der Ton in den Anstandsbüchern veränderte sich. Aus der Ehrerbietung vor dem Alter wurde die Bitte um Rücksichtnahme auf Menschen, die in der Gesellschaft keine rechte Anerkennung mehr genießen.

»Hier und da werden wir sie um Rat fragen«, empfahl ein Ratgeber 1956 nachsichtig, aber nicht mehr, weil die Lehren der Alten von großem Interesse gewesen wären, sondern »weil alte Leute eine unbändige Freude daran haben, wenn man ihren Rat noch schätzt«.

Trotzdem höflich zu bleiben, selbst wenn sie Geschichten erzählen, »die so alt sind wie Methusalem« (1899), zuvorkommend zu sein und den zerstreuten Alten den Weg frei zu machen, »auch wenn sie versehentlich auf der falschen Seite gehen« (1956), waren Forderungen, die mehr Mitleid als Respekt zeigten. Von der ehemaligen Ehrerbietung blieb schließlich nur noch das Recht auf einen Sitzplatz in der Eisenbahn: »Lehre deine Kinder aufzustehen, um älteren Personen Platz zu machen«, fordert ein Autor 1951.

Lena,
stell Dir vor, heute ist im Bus jemand für mich aufgestanden. Wir hatten nachmittags Schule, Volleyball, und ich war fix und fertig. Und dann hatte ich noch den Rucksack und die Sporttasche an mir hängen. Eine alte Frau, bestimmt über fünfzig, hat mir dann ihren Sitzplatz angeboten. Die älteren Leute haben einfach die besseren Manieren, oder?

Bis morgen, Karla

Hast du Glück, ich treffe im Bus immer nur bärenstarke Rentner, die gerade vom Stadtbummel kommen und mir verkünden, ich hätte doch noch so junge Beine.

Ciao, Lena

Wollen wir uns nicht bedecken?

Eine herausragende Rolle bei der Ehrerbietung spielte früher der Hut. Historiker interpretieren das Grüßen mit dem Hut als ein Erbe aus der Ritterzeit. Wenn ein Ritter im Kampf merkte, dass er der Schwächere war, nahm er als Zeichen seiner Unterlegenheit den schützenden Helm ab. Damit ergab er sich der Gnade seines Gegners. Das nachgiebige und zivile Nachfolgemodell des Helmes ist der Hut. Solange er auf dem Kopf thront, demonstriert er Stärke und Stil. Nimmt man ihn ab, so zeigt diese Geste nur noch Ergebenheit. Ohne Hut auf dem Kopf erschien auch der stärkste Mann schwach und schutzlos.

Kopfbedeckungen fand man früher ungeheuer wichtig. Mit Kappen, Hauben und Tüchern schützten die Leuten ihre Haare tagsüber vor Dreck und Ungeziefer. Nachts setzten sie eine Schlafmütze auf. Bei Frauen fand man es unzüchtig, wenn man ihre langen Haare zu sehen bekommen hätte.

KEINE MÜTZE

Beim Zapfenstreich der Soldaten war es in Berlin im 19. Jahrhundert üblich, dass die Gassenbuben ihre Mützen mit Geschrei hoch die Luft warfen. »Ich hätte auch gern meine Mütze in die Höhe geworfen, aber ich hatte keine und konnte nur die Hände in die Höhe heben«, erinnerte sich ein späterer Lehrer an die Armut seiner Kindheit.

LEISTUNG VOR EHR-ERBIETUNG

Weil er seinen Chef unterwegs nicht gegrüßt hatte, wurde 2006 ein Angestellter entlassen. Das Kölner Landesarbeitsgericht entschied anders. Es fand die Tüchtigkeit des Mitarbeiters wichtiger als seine Unhöflichkeit. Der Mann wurde wieder eingestellt.

Außerdem war ein Hut für Männer und Frauen eine der besten Möglichkeiten, um sich größer und angesehener zu machen. Mit dem Hut zeigte man seinen Wohlstand und seine Stellung. Nur die wenigsten konnten sich zum Beispiel einen mit kostbaren Pfauenfedern geschmückten Hut leisten. Wie viele Hutmacher es gab und wie viel die Putzmacherinnen mit dem Verzieren der Hüte zu tun hatten, kann man sich heute kaum noch vorstellen. Ohne Kopfbedeckung auf der Straße zu erscheinen, war für anständige Männer, Frauen und Kinder aller Stände undenkbar. Nur die ganz Armen liefen mit unverhüllten Haaren herum.

Die Ehrerbietung war erst vollkommen, wenn man beim Grüßen die Mütze oder den Hut vom Kopf hob. Wie man das macht, lernten schon die kleinen Buben. »Gewöhne deinen Knaben daran, sein Mützchen zu ziehen und sich leicht zu verbeugen«, wurden Mütter 1956 in einem Benimmbuch belehrt.

Doch selbst wenn man das Hutlüpfen perfekt beherrschte, konnte beim Grüßen immer noch viel schiefgehen. Es kam nämlich auf die richtige Reihenfolge an, und die ist – wie man von modernen Etikettetrainern erfahren kann – im Prinzip bis heute dieselbe geblieben. Es gehörte sich, die Damen vor den Herren, die Vornehmen vor den Einfachen und die Alten vor den Jungen zu begrüßen. Das hört sich in der Theorie ganz einfach an, in der Praxis war es eine hochkomplizierte Sache. Wer keine Fehler machen wollte, musste genau Bescheid wissen über das Alter und die Position der Leute, die man unterwegs traf. Bei Frauen war vor allem der Familienstand wichtig. Lange Zeit fand man nämlich verheiratete Frauen ehrwürdiger als ledige und sehr viel ehrwürdiger als geschiedene. Die wurden ganz am Schluss und manchmal auch gar nicht gegrüßt. Ohne ausreichende Detailkenntnisse konnte man also schon auf dem Morgenspaziergang eine ganze Menge Leute beleidigen.

Das »Personal«, wie man die Hausangestellten nannte, musste froh sein, wenn es überhaupt gegrüßt wurde. Wenn eine Frau zum Einkaufen einen

GRÜSSEN WIE EIN KÖNIG

Als Friedrich der Große 1785 einmal durch Berlin ritt, hob er Hunderte von Malen den Hut. Mal lüftete er den Hut nur ein wenig, mal nahm er ihn ganz vom Kopf und hielt ihn noch eine Weile in der Luft und mal senkte er die Hand mit dem Hut bis zur Höhe des Ellenbogens herab. So zeigte er den Untertanen, die sich aus den Fenstern heraus vor ihm verneigten, wen er besonders schätzte. Um den reitenden König herum hüpften die Berliner Gassenbuben, warfen ihre Mützen in die Luft und wischten ihm den Staub von den Stiefeln. Die Masse der Berliner schaute zu, Hüte und Mützen ehrerbietig in den Händen.

Laden betrat, riet ihr ein Anstandsbuch 1921: »Tritt ruhig und sicher in den Laden. Den Gruß des Türhüters lässt du als Dame unbeachtet, den des Geschäftsinhabers erwiderst du leicht.«

Nur wenn sich Männer aus der gleichen gesellschaftlichen Schicht begegneten, sogenannte »Gleichgestellte«, herrschte auch beim Grüßen Gleichheit. Mit der merkwürdigen Aufforderung »Wollen wir uns nicht bedecken?« setzten sie die Hüte, die sie vorher höflich voreinander abgenommen hatten, wieder auf den Kopf.

Mit dem Zylinder lässt man den Kopf nicht hängen

Nach der Französischen Revolution begannen die Anstandslehrer die faulen Höflinge in ihren farbenfrohen Anzügen und ihren fantastischen Kopfbedeckungen zu verachten. Es seien »superfeine, zuckersüße Figuren«, die vorrangig um ihr Make-up besorgt seien, kritisiert ein Ratgeber von 1797. Stattdessen lobte der Verfasser den einfach und würdig gekleideten Bürger. Der war schon von weitem an seinem Hut zu erkennen. Er trug nämlich einen Zylinder, den man auch die »Krone des Bürgers« nannte.

Der Zylinder war nicht nur eindruckvoll, ganz nebenbei erzog er auch zu gutem Benehmen, denn er verlangte eine aufrechte und beherrschte Haltung. Bei unmanierlich hektischen Bewegungen stürzte er ab. In der berühmten englischen Internatsschule Eton gehörte der Zylinder zur Schuluniform. Die Lehrer hofften, dass der elegante Hut die Jungen von ganz allein an das Benehmen eines Gentleman

DER ERSTE ZYLINDER

»John Hetherington wurde gestern wegen groben Unfugs und Verursachens von Straßenunruhen dem Richter vorgeführt. Es wurde bewiesen, dass Hetherington auf der öffentlichen Straße mit einem Hut auf dem Kopfe erschienen war, den er einen Seidenhut nannte, einem hohen Bau von glänzendem Schein, geeignet, furchtsame Wesen in Schrecken zu versetzen.«
Aus der Londoner »Times«, 15. Januar 1797.

gewöhnen werde. Mit einem Zylinder auf dem Kopf wurde nämlich schon die kleinste Rauferei kompliziert.

Im 19. Jahrhundert passte der Zylinder dann für alle und zu fast jeder Gelegenheit. Elegante Herren trugen ihn, gleichgültig, wo sie waren und was sie gerade taten: im Büro ebenso wie beim Eislaufen, hoch zu Ross und selbst auf der Löwenjagd in Afrika. Man brauchte ihn dringend auf allen öffentlichen Veranstaltungen, Hochzeiten und Beerdigungen, weil er den Anlässen die nötige Würde verlieh. Bei ihrer Konfirmation bekamen 14-jährige Jungen einen Zylinder aufgesetzt und damit einen Vorgeschmack davon, wie unbequem sich die formvollendete Ausstattung der Erwachsenen anfühlte.

Was diesen Hut mehr als ein Jahrhundert lang vor allem für kleine Männer unwiderstehlich machte, war seine eindrucksvolle Höhe. Es heißt, der berühmte Maler Adolph Menzel (1815–1905) habe sich aus Bürgerstolz geweigert, seinen Zylinder abzunehmen, als ihm der preußische König den Adlerorden verlieh. Wahrscheinlicher ist, dass sich der kleinwüchsige Mann ein wenig größer machen wollte, als er wirklich war.

Verglichen mit den vielen Jahrhunderten, während deren die Menschen ihre Köpfe Tag und Nacht bedeckt hielten, ist es eine sehr junge Entwicklung, »unbehütet« vor die Tür zu gehen. Karlas Großmutter erzählt gerne, wie viel Wert ihre Eltern darauf legten, dass ihre Hüte und Handschuhe zum Rest der Kleidung passten. Inzwischen sind Hutträger in der Öffentlichkeit selten geworden. Es sei denn, man befindet sich gerade in England und besucht dort eine Hochzeit oder ein Pferderennen, wo auf den Frauenköpfen die fantasievollsten Hutkunstwerke zu besichtigen sind. Wer heute einen Hut aufsetzt, kann sicher sein, dass er oder sie damit auffällt. Das Grüßen auf der Straße schaffen wir längst ohne Hut.

Schuld am Verschwinden der Hüte hat vor allem das Auto. Die meisten Hüte sind im Innenraum vollkommen unpraktisch, und das Grüßen mit dem Hut geht im Auto gleich gar nicht. Es ist sofort das Dach im Wege. Das einzige Fahrzeug, das hoch genug wäre, um darin bequem einen Zylinder zu tragen, wäre ein Sattelschlepper. Aber die meisten Lastwagenfahrer interessieren sich nicht für feine Hüte. Für sie gehören Zylinder in den Motor und nicht auf den Kopf. Und vom Rest der eleganten Welt wird wahrscheinlich kaum jemand am Steuer eines Zwanzigtonners beim Opernball vorfahren wollen, nur um mit einem eleganten Hut Eindruck zu schinden.

GUTEN TAG

Je nach Gegend sind auch andere Grußworte üblich. In Süddeutschland sagt man Grüß Gott und Servus. Zum Verabschieden hört man Ciao, Adieu, Ade und Tschüss. Servus heißt auf lateinisch Diener. Ciao, das wir aus dem Italienischen übernommen haben, kommt von dem Wort »schiavo« und bedeutet ebenfalls Sklave oder Diener. So ist von dem alten Kompliment »gehorsamster Diener« doch noch ein Restchen übrig geblieben.

Ich mache einen Knicks, weiter kann ich nix (Kindervers)

Mädchen und Frauen machten zur Begrüßung keinen »Diener«, wie man zur Verbeugung auch sagte, sondern einen Knicks. Dazu gingen sie – mehr oder weniger – tief in die Knie und beugten leicht den Nacken. Dieser Knicks war schwieriger, als man vielleicht denkt, besonders, wenn ein König zuguckte. An den Höfen waren für den Knicksunterricht eigene Tanzlehrer angestellt. Sie brachten den Hofdamen bei, wie sie trotz ihrer hohen Absätze und der steifen Reifröcke anmutig in einen Hofknicks versinken und vor allem, wie sie sich wieder erheben konnten. Die Galakleider waren so dick und schwer, dass die Frauen das Knicksen wie eine Turnübung trainierten. Mit dem rechten Fuß schwangen sie weit nach hinten aus. Das linke Knie wurde beinahe bis zum Boden gebeugt. Mit fünf schweren Bademänteln übereinander und Stöckelschuhen an den Füßen bekommt man ungefähr ein Gefühl dafür, was diese Damen für ihre Manieren alles auf sich nahmen. Am schwierigsten war die Verabschiedung. Dem König durfte man niemals respektlos den Rücken zukehren, deshalb knicksten die Damen vorsichtig balancierend im Rückwärtsgang.

Allerliebste Lady Karla,
hast Du im Fernsehen gesehen, wie die norwegische Prinzessin vor der Königsfamilie in Thailand in einem Hofknicks versank? Ich habe gleich vor dem Spiegel Knickse geübt, aber in Jeans sah es nicht halb so gut aus. Kommst Du am Samstag zu meiner Geburtstagsparty? U.A.w.g. und B.w.G.m. (Das Erste heißt: Um Antwort wird gebeten. Den Rest habe ich erfunden: Bring was Gutes mit). Mit den besten Empfehlungen meiner Frau Mama
Deine Dir stets ergebene und die Fingerspitzen küssende Freundin
Annabell

Allerdurchlauchtigste, hochverehrte Freundin Annabell,
es ist mir eine große Ehre, dass Eure Durchlaucht allerhuldvollst geruht haben, sich aus Anlass Ihres Wiegenfestes auch an meine Wenigkeit zu erinnern. Außer mir vor Freude, Ihre gnädige Einladung annehmen zu dürfen, verharrt in tiefster Unterwürfigkeit Eurer Durchlaucht aller untertänigste und treugehorsamste Dienerin Karla
Bei diesem Text hat mir meine Oma geholfen. Sie weiß auch, wie ein echter Knicks geht.

Bis Samstag, Karla

WIE EINE SONNENBLUME

»Vor einem Großen sei man stets wie eine Sonnenblume und wende ihm überall das Gesicht zu«, lehrte 1910 ein Buch mit dem Titel »Der Mann von Welt«. Für Dirigenten war diese Manierenregel früher eine besonders schwierige Aufgabe. Sie mussten in das vornehme Publikum schauen und gleichzeitig hinter dem eigenen Rücken dem Orchester die Einsätze geben. Felix Mendelssohn-Bartholdy (1809–1847) soll der Erste gewesen sein, der es wagte, dem Publikum den Rücken zuzudrehen, wenn er dirigierte.

Die erste Frau, die sich traute, der englischen Königin Elisabeth II. den Hofknicks zu verweigern, war 1994 die Gattin des australischen Premierministers.

Nicht nur am Hof war das Knicksen selbstverständlich, es gehörte früher zur Erziehung jedes kleinen Mädchens. Ein höflicher Mädchenknicks war allerdings kein sportlicher Akt. Er sollte so zierlich wirken wie das Wippen einer Bachstelze. Eine Kaufmannstochter erinnert sich 1839, wie viel Wert ihre französische Gouvernante auf diese Form der Begrüßung legte. »Der damals beim Eintritt ins Zimmer noch übliche Knicks an der Tür durfte nicht unterlassen werden; wer ihn vergaß, musste ihn auf der Stelle nachholen. Wer ihn in der Eile lässig hinschleuderte, musste ihn nochmals so lange einüben, bis es gelang, ihn graziös auszuführen.«

»Lehre dein kleines Mädchen, freundlich zu knicksen, wenn Besuch kommt«, wünschte sich das »Handbuch des guten Tones« noch 1956. Wenige Jahre später beobachtete ein Manierenlehrer, dass es zwar noch »nette« Mädchen gab, »die einen Knicks machen, dann ruhig aufrecht stehen bleiben und abwarten, ob man mit ihnen spricht oder nicht«. Doch man ahnt schon, dass solche

KINDERGEDICHT

Des Nachbars alte Katze / kam öfter zu Besuch.
Wir machten ihr Bückling und Knickse / und Komplimente genug.
Wir haben nach ihrem Befinden / besorglich und freundlich gefragt.
Wir haben seitdem dasselbe / mancher alten Katze gesagt.

HEINRICH HEINE

netten Mädchen bereits Seltenheitswert hatten. Die Tage des Mädchenknickses waren um 1960 gezählt. Als die Frauen begannen, Hosen zu tragen, starb der Knicks allmählich aus.

Warum hatte eine Dame immer den Vortritt?

Besonders viel Beachtung bekam eine elegante Dame. Abgesehen vom Knicksen unternahm sie nämlich so gut wie nichts von alleine. Sie ließ sich von ihrem Kavalier von hinten bis vorne bedienen. Es blieb ihr auch nicht viel anderes übrig, denn sie trug Kostüme, in denen sie zwar wunderbar aussah, sich aber kaum regen konnte. Ohne die diensteifrige Unterstützung eines Herrn wäre sie in Gesellschaft kaum zurecht gekommen.

Dass Frauen schwächer sind und weniger Verstand haben als Männer, war im 18. und 19. Jahrhundert eine Meinung, die nicht nur die Manierenlehrer vertraten. Fast alle dachten so, selbst die meisten Frauen. Zu dieser Vorstellung passte die Kleidung. Männer hatten immer Hosen an, Frauen nie etwas anderes als Röcke. In Hosen kann man laufen, reiten, jagen und Kriege führen. Lange Röcke behindern die Bewegung und machen häuslich. Lange Zeit war die Hose ein Symbol für die Herrschaft der Männer und der Rock ein Zeichen für die weibliche Abhängigkeit.

Am hinderlichsten waren die Röcke, wenn die Frauen außer vielen Unterröcken noch eine Krinoline trugen. Eine Krinoline ist ein Gestell aus Holz- oder Drahtreifen, die durch Bänder miteinander verbunden sind und nach unten immer größer werden. Wie über einen umgestülptem Blumentopf wurde darüber ein riesiger Rock drapiert. Wenn zwei Krinolinen-Damen zusammenstanden, bedeckten ihre Röcke vier Quadratmeter Bodenfläche. Die aufgeblähten Gewänder waren so umfangreich, dass die Frauen kaum noch die Köpfe zusammenbrachten, wenn sie sich etwas ins Ohr sagen wollten.

Bei jeder Kleinigkeit brauchte eine Dame im Reifrock Hilfe. Weil sie selbst mit ihren Händen kaum noch eine Türklinke erreichte, musste der Herr ihr die Tür aufmachen und aufhalten. Diese Regel hat sich erstaunlicherweise nicht geändert, obwohl die Frauen heute deutlich andere Kleider tragen. Die Dame hat immer den Vortritt, das lehren auch moderne Benimmseminare noch.

Im Reifrock konnte sich eine Frau nur an den Tisch setzen, wenn ihr jemand vorsichtig von hinten einen Stuhl unterschob. Auch das hat als Aufgabe für den Herrn überdauert. Fiel der Dame ihr Fächer aus der Hand, so konnte sie sich wegen des steifen Rockes nur mit Mühe danach bücken. Bis heute übernimmt das für sie ihr wohlerzogener Begleiter, selbst wenn seine Dame Hosen trägt und vielleicht sogar beweglicher ist als er.

WITZ VOM SITZ

»Kannst du mir bitte den Sitz vorstellen?«, fragt die Frau. Er: »Hannelore, das ist der Autositz. Autositz, das ist meine Frau Hannelore!«

Ihren Mantel alleine anzuziehen, wäre der Dame im Reifrock gar nicht erst in den Sinn gekommen, und ohne Hilfe aus der Kutsche zu steigen, fiel ihr schwer. »Die Herren steigen zuerst aus und helfen den Damen«, liest man noch 1970, obwohl die alten Pferdekutschen längst Autos Platz gemacht hatten und von Reifröcken weit und breit nichts mehr zu sehen war.

Die Dame früherer Zeiten stand ständig im Mittelpunkt der männlichen Aufmerksamkeit. Sie wurde immer als Erste begrüßt. Ihr wurden alle anderen Gäste vorgestellt.

Bei einer Einladung wurde sie von ihrem Tischherrn zu ihrem Sitzplatz geleitet. Er sorgte dafür, dass es ihr an nichts fehlte, machte ihr Komplimente und bemühte sich um eine charmante Unterhaltung. Wurde auf einem Fest getanzt, bat der Herr seine Dame mit einer tiefen Verbeugung um die Ehre des nächsten Tanzes. Er führte sie an seinem Arm auf die Tanzfläche und bedankte sich anschließend, selbst wenn sie ihm auf die Füße getreten war.
Man könnte meinen, dass es früher ein einziges Vergnügen war, eine feine Dame zu sein. Sie brauchte sich um nichts zu kümmern als um ihr Äußeres und ihre guten Manieren.

Doch das Leben einer Dame hatte auch eine Schattenseite. Sie wurde zwar rundum bedient, aber auch rundum bevormundet. Die wichtigsten Entscheidungen – etwa wenn es um Bildung oder Geld ging – wurden ihr nicht nur ab-, sondern gleich ganz weggenommen. Das ist ein Grund, warum heute viele Männer und Frauen unsicher geworden sind, wenn es um die traditionellen ehrerbietigen Dienste für die Dame geht.

Nach einer Umfrage finden es 75 Prozent der Deutschen sehr angenehm, wenn ihnen jemand die Tür aufhält. Aber wer wem diese Gefälligkeit erweist, entscheidet sich manchmal erst in allerletzter Sekunde. Erreichen Mann und Frau die Tür genau im gleichen Augenblick, so kann das leicht zu Missverständnissen führen. Wenn sie stehen bleibt und erwartungsvoll schaut, er aber gar nicht daran denkt, die Tür für sie aufzureißen, dann fühlt sie sich anschießend als verwöhnte Schnepfe und er sich als ungehobelter Klotz.

DIE ERSTE HOSE

Solange die Kleinkinder noch überall hinpinkelten, trugen früher Buben wie Mädchen lockere Kleidchen. Ein Pfarrer (geboren 1877) erinnert sich daran, was es für ein wichtiges Ereignis war, als er – mit drei Jahren – endlich seine erste Hose bekam, und wie er über seine ältere Schwester triumphierte: »Sie blieb ihr ganzes Leben lang ein Mädchen, und ich war ein Mann geworden.«

Handgreiflichkeiten

»Handschütteln ist immer gewagt.« (1963)

Ging ein Kampf zwischen zwei Rittern unentschieden aus, so reichten sich die beiden während der anschließenden Friedensverhandlungen fest die rechte Hand. Auf diese Weise stellten sie sicher, dass der andere es sich nicht noch mal anders überlegen konnte und doch wieder zum Schwert griff. Aus dieser Vorsichtsmaßnahme soll sich – als ein Zeichen für friedliche Absichten – der Händedruck entwickelt haben. Bis man sich beim Begrüßen wieder an das ritterliche Händereichen erinnerte, dauerte es allerdings einige Jahrhunderte.

Im 19. Jahrhundert war es noch ganz unüblich, sich die Hand zu geben. Die Manierenlehrer hatten große Schwierigkeiten mit dem Handschlag. Zu ihrer Vorstellung eines gehorsamen Untertanen passten die Verbeugung und der Knicks viel besser. Wenn ein Dienstmädchen sich bei einer neuen Herrschaft vorstellte, so wurde es 1893 in einem »Anstandsbüchlein für erwachsene Mädchen vom Lande« dringend davor gewarnt, der Frau des Hauses die Hand zu reichen, »weil sie nicht deinesgleichen ist, sondern über dir steht«. Um 1900 war die Distanz zwischen Untergebenen und Vorgesetzten zu groß, als dass die Begrüßung eine Berührung zugelassen

hätte. Ein Mitarbeiter durfte seinem Chef niemals von sich aus die Hand hinhalten.

In den Augen der Manierenlehrer lag im Händedruck zu viel soziale Gleichstellung und zu große körperliche Nähe. Ein solches Maß an Vertraulichkeit erlaubten sie höchstens »unter Verwandten und Bekannten« (1957). »Ein Händedruck ist eine Sprache des Gefühls«, fand man 1887 und ging darum sehr sparsam damit um. Vor allem Frauen wurden gewarnt, wenn sie einem unbekannten Mann gleich die Hand gaben, denn das sei »ein Ausdruck der Annäherung«.

In traditionellen orientalischen Gesellschaften sehen es die Ehemänner heute noch nicht gerne, wenn ihre Frauen bei der Begrüßung fremde Männerhände drücken. Wohlerzogene Muslimas reichen nur die Fingerspitzen zum Gruß, manchmal nicht einmal diese.

Tatsächlich bekommt man oft schon beim ersten Händegeben einen kleinen Eindruck davon, ob man jemanden mögen wird oder nicht. Die Begrüßungshand kann warm und trocken oder feucht und kalt sein. Sie kann schlapp hängen wie ein ungebratenes Schnitzel oder hart zufassen wie ein Schraubstock. Ein Manierenlehrer glaubte aus einem Händedruck sogar den ganzen Charakter eines Menschen ablesen zu können. Kleine Kinder weigern sich, die Hand zu geben, wenn sie einen Besuch blöd finden. Sie verstecken das »schöne Händchen«, wie die Eltern früher zur rechten Hand sagten, auf dem Rücken.

Ein Händedruck kann Vertrauen vermitteln, aber auch Angst einflößen. Manche Psychologen fühlen sich beim Händeschütteln an alte germanische Schlachtordnungen erinnert: Die Gegner prallen Brust gegen Brust aufeinander. Eine Flucht ist unmöglich, weil man sich ja an den Händen festhält. Während man Aug' in Aug' höfliche Begrüßungsworte wechselt, werden über die Hände erste Machtansprüche abgeklärt. Wer zu weich zufasst oder dem Blick ausweicht, gilt als Schwächling.

DER RICHTIGE ABSTAND

In Westeuropa wird es als angenehm empfunden, wenn der Grußpartner so weit entfernt steht, dass man mit ausgestreckten Fingerspitzen gerade dessen Schultern erreichen kann. In Süd- und Osteuropa rücken die Grüßenden so weit zusammen, dass sie sich die Handgelenke auf die Schultern legen können, in arabischen Ländern sind es die Ellenbogen. So kann es bereits bei der Begrüßung erste Fehleinschätzungen geben, wenn sich Menschen aus verschiedenen Kulturen treffen.

Ein Leben hat 100 000 Küsse

Moderne Jungen berühren sich zur Begrüßung gar nicht, sie schubsen sich vielleicht ein bisschen oder klatschen auf Schulterhöhe nach Sportlerart die Handflächen gegeneinander. Eine Umarmung oder gar ein Kuss käme allenfalls in Frage, wenn der andere Junge »auswandert oder in den Knast muss«.

Hallo Karla,
ich habe neue Forschungsergebnisse aus dem Bereich ekelhaftes Verhalten. Erstens: Mehmet und Fatih küssen sich. Auf beide Wangen und in der Öffentlichkeit. Ich habe sie beobachtet. Zweitens: Aus erstens folgt, dass die beiden absolute Versager sind. Drittens: Bei Dir und Lena ist das was anderes. Ihr seid ja Weiber.

Gruß von Fred

Fred,
Du hast wie immer keine Ahnung. Fatih und Mehmet sind Türken, und in der Türkei gehört das Küssen dazu. In Frankreich, Griechenland und Spanien übrigens auch. Das kannst Du gerne in Deine Ekelforschungen mit aufnehmen. Außerdem küsse ich auch nicht alle. Dich zum Beispiel garantiert nicht.

Karla

Moderne Mädchen dagegen küssen sich angeblich dauernd, zur Begrüßung, zum Abschied und auf beide Wangen. Beste Freundinnen küssen sich sogar auf den Mund. Mit der bisher errechneten Durchschnittsanzahl von 100 000 Küssen pro Menschenleben wird diese Mädchengeneration kaum zurechtkommen. Für sie wird wahrscheinlich eine neue Kuss-Statistik nötig werden.

Das Links-Rechts-Küsschen-Ritual kommt aus Frankreich, ist aber auch in den arabischen Ländern und der Türkei allgemein üblich. Man unterscheidet zwischen Luftküssen, die auf beiden Wangen nur angedeutet werden, und echten Küssen für Leute, die man gut leiden kann.

Hallo Karla,
meine Tante aus Frankreich ist da. Sie hat mir tolle Klamotten mitgebracht. Aber diese Schmatzküsse rechts und links! Sie sagt, sie findet das deutsche Händeschütteln eingebildet und überhaupt nicht herzlich. Willst du morgen bei uns mitfahren zur Probe im Musikverein? Meine Mutter bringt uns hin.

Küsse von Lena

Die alten Manierenlehrer, die schon beim Händedruck zu viel körperliche Nähe befürchteten, hätten mit so viel unbefangener Zärtlichkeit heftige Schwierigkeiten gehabt. Der Moralschriftsteller Johann Christian Siede, der um 1790 seine Betrachtungen über den Anstand anstellte, mahnte die »aufwachsende männliche Jugend« inständig: »Stellen Sie das viele Küssen mit Männern ein.« Es sei ganz und gar »undelikat«, vor allem, wenn der Kuss aus Unvorsichtigkeit auf der Nase lande. Auch später regten sich Manierenautoren über die »allgemeine Küsserei bei gewissen Gelegenheiten« heftig auf. Sie fanden sie einfach nur abstoßend.

»Menschen mit Kultur«, schrieb eine Verfasserin, tun so etwas nicht. »Keine wohlerzogene Person küsst öffentlich«, fand sie 1928. Küsse gehörten ihrer Meinung nach hinter Schloss und Riegel, am besten gleich in die Heimlichkeit des Schlafzimmers. Selbst ein Begrüßungskuss hatte für sie nichts Unschuldiges. Nur Eltern und Kinder oder Eheleute durften mit gespitzten Lippen ein Küsschen austauschen.

WOHER DAS KÜSSEN KOMMT

Die Verhaltensforscher lehren, dass sich der Kuss in der Steinzeit aus dem Füttern der Babys entwickelte. Weil die Kleinsten die Nahrung aus der Höhlenmenschen-Küche noch nicht beißen konnten, kauten die Mütter die Brocken vor, speichelten sie tüchtig durch und gaben sie ihren Kindern von Mund zu Mund weiter.

Ähnlich zurückhaltend steht man dem Küssen in anderen Kulturen auch heute noch gegenüber. Als der amerikanische Schauspieler Richard Gere bei einer Pressekonferenz in Neu-Delhi im April 2007 eine indische Schauspielerin auf die Wangen küsste, waren die muslimischen und hinduistischen Zuschauer empört. Sie verurteilten die unbedachten Küsschen als »obszöne Handlung in der Öffentlichkeit«.

Ausgenommen von der Verachtung für das öffentliche Küssen war immer nur der Handkuss. Er stammt aus dem höfischen Zeremoniell und ist eine Geste der Unterwürfigkeit. Nur der Papst und einige wenige Monarchen lassen sich heute noch mit einem Handkuss verehren.

In dem auf eine Damenhand hingehauchten Handkuss liegt keine Spur von Erotik oder gar Liebe. Der Handkuss ist von allen verdächtigen Nebengedanken gereinigt und soll nichts weiter zeigen als tiefe Ergebenheit für eine verehrungswürdige Dame. Die meisten Frauen können allerdings nicht mehr viel mit dieser Begrüßung anfangen und reagieren verlegen oder gar mit Spott auf die vornehme Geste.

Viele der traditionellen Begrüßungsrituale sind heute ein alter Hut – abgelegt wie der klassische Zylinder und in einer dunklen Ecke verschwunden. Auch ohne katzbuckelnde Verbeugungen und unterwürfige Knickse kann man ziemlich gut existieren.

Doch ganz ohne Begrüßungsformen kommen wir nicht aus. Es macht das Leben angenehmer, wenn sich die Leute einen guten Tag wünschen und sich freundlich zulächeln, selbst wenn sie es vielleicht nicht immer so meinen.

Wie es allerdings einmal aussehen wird, wenn sich unsere Ur-Ur-Ur-Enkel untereinander begrüßen, ist schwer vorauszusagen. Möglicherweise finden sie unseren Händedruck und die Wangenküsse schon längst unpassend? Vielleicht klimpern sie zur Begrüßung bloß mit den Augendeckeln oder halten den kleinen Finger der linken Hand in die Höhe? Vielleicht sind auch schon längst elektronisch gesteuerte Hallo-Signale in die Jackenärmel eingebaut, und kein Mensch macht mehr den Mund auf? Wer weiß. Sicher ist jedoch, dass man auch an den exotischsten Begegnungsritualen noch ablesen können wird, was die Leute voneinander halten, ob sie sich gegenseitig respektieren, ob sie sich leiden können oder vielleicht sogar verachten.

Seit wann kann der Körper sprechen?

Da sitzt einer zusammengekauert wie ein Hase und hat die Arme fest um den Leib geklammert. Man sieht gleich, wie viel Angst er hat. Ein anderer wirkt vor lauter Prahlerei wie aufgeblasen. Er sieht größer aus, als er eigentlich ist. Unser Körper macht sämtliche Stimmungen mit. Wenn wir nicht genau auf ihn achten, verrät er sie alle. Und das, ohne dass wir auch nur einmal den Mund aufmachen. Regelmäßiges Manierentraining sorgte früher dafür, dass der Körper die Klappe hielt. Das Ergebnis nannte man »Haltung«.

Aufrecht um jeden Preis

Dass sie bei ihrem Publikum viel besser ankamen, wenn sie auf ihre Haltung achteten, wussten schon die Redner in der Antike. Ihre Beliebtheit hing nicht nur damit zusammen, was, sondern auch wie sie etwas erzählten. Darum übten sie vorher, wie sie sich den Zuhörern zuwenden mussten, damit keiner vor Langeweile einschlief.

Hallo Karla,
heute hatte Lena in Biologie ihre Präsentation über die Fledermäuse. Du weißt doch, wie gut sie bei dem Thema Bescheid weiß. Aber sie war so schüchtern und aufgeregt. Sie konnte kaum gerade stehen. Schon allein das Sprechen vor der Klasse war für sie der reinste Horror. Ich glaube, wir sollten etwas tun. Annabell

Nur was? Ich frage mal meine Oma. Die sagt immer, Haltung ist alles.
Karla

Auch den Manierenlehrern war klar, dass die Haltung des Körpers wie eine Sprache ohne Worte funktioniert. »Man taxiert jeden Menschen danach, wie er steht, geht und sich sonst hält«, bemerkte einer 1903. Sie lasen in den Stellungen und Bewegungen der Leute wie in einem Text. Wie der im Idealfall aussehen sollte, fasste ein katholischer Autor 1894 so zusammen: »Gott hat uns aufrecht erschaffen, daher halte deinen Körper gerade und aufrecht.«

Wenn sich die Menschen in den früheren Jahrhunderten ihre neugeborenen Kinder anschauten, konnten sie sich nicht vorstellen, dass sich diese Haltung von allein entwickeln würde. Die zusammengekauerte Haltung der Säuglinge erinnerte sie an die kleiner Tiere und schien alles andere als erhaben und edel. Zudem lehrten die Ärzte, dass Kinderknochen ganz weich seien und so leicht zu verbiegen wie Weidenzweige. Um das zu verhindern, wurden die Babys von ihrer ersten Lebensstunde an zu kerzengeraden, kleinen Mumien gewickelt. Damit ihre Kinder einmal unverkrümmte, feste Glieder und einen geraden, starken Rücken bekamen, nahmen die Eltern viel Mühe auf sich, und die Kleinen hatten einiges auszuhalten. Ausgenommen in den kurzen Zeiten, in denen man ihnen beim Saubermachen die langen Wickelbänder wieder abnestelte – das soll nicht öfter als einmal am Tag gewesen sein –, verbrachten die Wickelkinder ihre ersten Lebensmonate in völliger Reglosigkeit.

Vor allem den weiblichen Körper fanden die Ärzte und Erzieher »von Natur aus schwach« und verbesserungsbedürftig. Für Mädchen, deren Haltung ihnen nicht aufrecht genug erschien, entwickelten sie orthopädische Riemen- und Bändergeschirre, um die Schultern nach hinten zu zwingen. Eine andere Erfindung, die den Frauenkörper gerade halten sollte, war das Korsett.

Vollendet proportioniert fand man Frauen mit so extrem schmalen Taillen, dass sie fast wie Sanduhren aussahen. Um gleichzeitig damenhaft zart, beschützenswert und dennoch edel aufgerichtet zu erscheinen, verformten die Frauen mit dem Korsett ihre Leiber, bis sich schließlich die Rippen verbogen

WICKELKIND

Die Hebamme legt die Arme des Neugeborenen eng an den Körper. Die Knie drückt sie zusammen, um die Beinchen zu strecken. Stramm umwickelt sie mit Windeln und langen Leinenbändern das ganze Baby und bindet mit einer speziellen Technik auch noch den Kopf in diesen Schmetterlingskokon mit hinein. Nur das Gesicht schaut heraus. Im 19. Jahrhundert begann man, wenigstens die Arme der Kinder beim Wickeln frei zu lassen. Später ersetzte man die Bänder durch Tücher, in die man die Säuglinge wie kleine Pakete einwickelte. Strampelhosen gibt es erst seit ungefähr fünfzig Jahren.

und sogar die inneren Organe gequetscht wurden. Weil sie derart eingeengt kaum noch atmen konnten, fielen sie bei jeder kleinen Aufregung in Ohnmacht. Die österreichische Kaiserin Elisabeth (1837–1898), die unter dem Kosenamen »Sisi« berühmt wurde, soll sich ihre »Wespentaille« auf 46 Zentimetern Umfang zusammengeschnürt haben. Was Haltung und Schönheit betraf, war sie das Vorbild vieler Frauen.

Hallo Sarah,
endlich habe ich einen BH, ein ganz süßes Teil. Oma hat ihn mir gekauft. Dabei hat sie mir erzählt, wie krass ihre eigene Unterwäsche früher aussah und erst recht die ihrer Mutter! Die reinsten Rüstungen mit Tausenden von Haken, Schnüren und Knöpfen.

Deine Karla

Selbst kleine Kinder wurden in Korsette gesteckt, manchmal sogar nachts. Die Töchter der Wohlhabenden bekamen bereits ihren ersten Schnürleib verpasst, sobald sie dem Wickelalter entwachsen waren.

Die Seefahrer brachten im 18. Jahrhundert von den eroberten Kolonien die überraschende Nachricht mit, dass die Kinder der sogenannten »Wilden« in Amerika und Indien weder gewickelt wurden noch Korsette trugen. Trotzdem wuchsen sie gerade und gingen aufrecht. Die ersten Eltern, die schon in dieser Zeit wagten, ihre Babys manchmal splitternackt in die Wiege zu legen, bekamen dennoch viel Kritik zu hören. Man war es nicht gewöhnt, Säuglinge zu sehen, die wild in der Luft herumfuchtelten und fürchtete, die Kleinen könnten krank werden oder sich verletzen.

»Man gewöhne sich von Jugend auf an eine tadellose Haltung.« (1910)

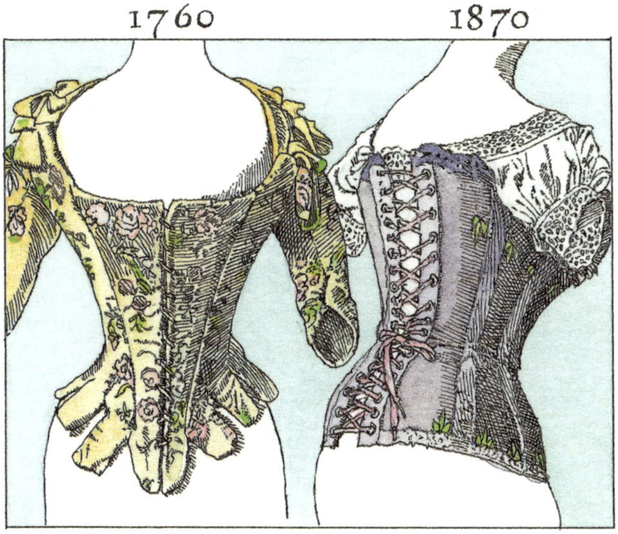

KORSETT

Ein Korsett (Schnürbrust) ist eine steife Hülle für den Oberkörper, die von der Hüfte bis zur Brust reicht. Rundherum waren Verstärkungen aus Fischbein- oder Stahl eingenäht. Am Rücken wurde das Korsett mit Bändern geschlossen wie ein Schnürstiefel. Beim Ankleiden brauchte eine Korsettträgerin Hilfe. Je stärker der Ehemann oder die Dienerin hinten an den Schnüren zog, desto enger schloss sich das Korsett um den Körper. Im Viertelstundentakt wurde die Verschnürung immer wieder ein bisschen enger gezurrt. Mit einem Korsett und dem dazu passenden Krinolinenrock konnte man sich nicht mehr anders als kerzengerade bewegen.

Auch wer das Korsett und die Wickelbänder ablehnte, legte großen Wert auf die aufrechte Haltung. Alle, die mit Erziehung zu tun hatten, achteten ständig darauf, dass die Kinder korrekt standen, saßen und gingen. Beim Essen, beim Begrüßen und bei Besuchen wurde die »gute Haltung« wie bei einer Löwendressur so lange angemahnt, bis sich die Kinder – zumindest so lange die Erwachsenen guckten – steif wie Spazierstöcke hielten.

Gespannt vom Scheitel bis zur Sohle

»Kopf hoch, Brust heraus ist für jedermann die geeignetste und auch gesündeste Haltung«, behauptete 1900 ein Anstandsautor. Dazu wünschte er sich stramm durchgedrückte Knie und nach außen gestellte Fußspitzen. Aus heutiger Sicht überrascht es, dass man eine Position, bei der alle Muskeln von Kopf bis Fuß angespannt sind, als gut und gesund empfahl.

WARUM GING EIN KAVALIER IMMER LINKS?

An seiner linken Seite baumelte der Degen. Eigentlich wollte der uniformierte Herr nur vermeiden, dass sich die Dame beim Nebeneinandergehen mit seinem Degen verhedderte. Deshalb führte er seine Begleiterin rechts. In den Anstandsbüchern wurde das Linksgehen der Herren dann zu einer festen Regel. Erst um 1980 erlaubte ein »Fachausschuss für Umgangsformen«, dass ein feiner Mann auch mal die Seite wechseln darf.

Einer der Gründe, warum den Manierenlehrer gerade diese beherrschte Haltung so beeindruckte, war die Vorliebe für das Militär. Insbesondere in Preußen hatte die Hochachtung vor der Armee eine lange Tradition. Den preußischen Regenten Friedrich Wilhelm I. (1688–1740) nannte man nicht umsonst den »Soldatenkönig«. Er hatte, obwohl er König war, fast nie etwas anderes an als eine Uniform.

Wenn die Leute damals die strammen Soldaten in ihren bunten Uniformen bewunderten, dachten sie an Ehre und Tapferkeit und an die Liebe zum Vaterland. Vor allem die preußischen Offiziere trugen ihre Uniform mit Stolz. An ihrer geraden Haltung hatten allerdings auch die Militärschneider ihren Anteil. Damals waren die Uniformjacken am Rücken so eng genäht, dass es den Soldaten fast von allein die Schultern nach hinten zog.

Am liebsten würden alle Deutschen wenigstens als Reserveoffiziere ständig eine Uniform tragen, spotteten ausländische Beobachter, wenn sie im 19. und frühen 20. Jahrhundert nach Deutschland blickten. Männer in Uniform, so fanden jedenfalls die meisten Frauen, sahen gut aus und bewegten sich schneidig. Auf festlichen Bällen, Empfängen und Galadiners glänzten die Offiziere in schicken Ausgehuniformen, auf denen ihre Orden nur so glitzerten. Ein umgeschnallter Degen gehörte immer dazu. Die Bewunderung für alles Militärische ging so weit, dass sich sogar biedere Bürger zum Schmuck einen sogenannten »Galanteriedegen« um die Hüfte schnallten.

Wer keine Uniform hatte, wollte wenigstens durch eine militärische Haltung Eindruck machen. »Imponieren Sie durch korrekte und gerade Haltung«, empfahl ein Manierenlehrer 1928. Sie werde »selbst der unscheinbarsten Gestalt etwas Edles verleihen«, behauptete ein anderer 1899.

KADETTEN

1716 gründete Friedrich Wilhelm I. für Jungen aus der Aristokratie das erste »Preußische Kadettencorps«. Das war eine Internatsschule, in der die zukünftigen Offiziere ausgebildet wurden. Die Kadetten trugen immer Uniformen und übten tagaus, tagein das militärische Leben. Beim Aufstehen, vor dem Unterricht, dem Essen und dem Hofgang, von morgens bis abends fanden Appelle statt, bei denen die perfekte Haltung verlangt wurde. So lange, bis die Jungen jedes Mal wie im Schlaf die Schultern zurücknahmen, die Knie streckten und die Fersen aneinander knallten. Die Disziplin war streng und die Erziehung bewusst hart und spartanisch. Wer eine Kadettenanstalt durchlaufen hatte, konnte später bequem einen Krieg aushalten.

Wenn wir uns alte Fotografien anschauen, kommen uns die Personen darauf ganz besonders steif und unlebendig vor. Das liegt nicht nur an den langen Belichtungszeiten der alten Apparate. Gerade für Erinnerungsbilder bemühten sich die Leute um eine aufrechte und beherrschte Haltung. »Kopf hoch, Brust heraus« war auch hier das gängigste Muster. Manchmal betrachtet Karla das Hochzeitsbild ihrer Ururgroßeltern, das bei ihrer Oma über dem Sofa hängt. Wie ein Denkmal in Offiziersuniform steht der junge Ehemann neben seiner zur Puppe erstarrten Frau. Karla findet die beiden ein bisschen verkrampft, doch damals war ihre Haltung beispielhaft.

Vorbild für die Schule

Auch den Schullehrern gefielen die militärische Körperbeherrschung und die strenge Ordnung der Armee. Der Pädagoge Christian Felix Weiße (1726–1804) beschreibt, wie er einmal mit seinen Schülern ein militärisches Feldlager bei Leipzig besuchte, um sie den Nutzen von Ordnung und Disziplin zu lehren. Das riesige Manöver war eine Attraktion, und viele Bürger schauten den Kriegsübungen zu.

Am meisten beeindruckte Weiße, wie sich die vielen tausend Soldaten auf Befehl »wie ein Mann« im Gelände bewegten. Die Gleichförmigkeit der soldatischen Bewegungen entsprach genau seinem Wunsch nach Ordnung, Schönheit und idealer Haltung. Dass Massen von Menschen so weit gebracht werden konnten, dass sie Arme, Beine und Köpfe wie die Glieder einer einzigen großen Maschine bewegten oder auf Kommando gleichzeitig stillhielten, erschien dem Lehrer fast wie ein Wunder. »Ordnung ist die Seele von allem«, erklärte er den Kindern.

Lieber Johann,
gestern haben wir zum ersten Mal unsere Musikvereinsuniformen angehabt. Sie sind dunkelblau, und es sind sogar weiße Handschuhe dabei. Wir üben für den Umzug beim Stadtfest. Es ist gar nicht einfach, beim Marschieren Trompete zu blasen. Der Dirigent kommandiert, wann wir rechts oder links abbiegen müssen. Wir sollen Haltung lernen wie beim Militär, sagt er. Lena gefällt es. Mir nicht so.

Grüße von Karla

Militärische Disziplin wurde ein Vorbild für die Erziehung. In den Schulen im 19. Jahrhundert lernten die Kinder neben Lesen, Schreiben und Gehorsam auch das, was man Haltung nannte. Wenn sie zur Begrüßung der Lehrer respektvoll von den Sitzen aufsprangen oder sich in exakten Zweierreihen vom Hof zurück in die Klasse bewegten, übten sie wie kleine Soldaten das Strammstehen und die abgezirkelten Bewegungen des Militärs. Man erfand sogar Schulbänke, die nach den genauen Maßen der Kinder gebaut wurden und zum korrekten, aufrechten Sitzen erzogen.

Es sollte schließlich nicht allein der Kopf, sondern auch der Leib der Kinder für das Leben vorbereitet werden. In den Jungen sah man nicht nur die zukünftigen tüchtigen Arbeiter und Bürger. Falls es das Schicksal so wollte und ein Krieg ausbrach, mussten sie auch als kräftige Verteidiger des Vaterlandes bereitstehen. Darum führte man ein neues Schulfach ein, das man »Leibesertüchtigung« oder Turnen nannte. Was die Jungen dort lernten, hatte lange Zeit große Ähnlichkeit mit den Exerzierübungen der Soldaten.

Die Sportkommandos klangen wie auf dem Kasernenhof. Auf den Befehl »Stillgestanden« nahmen die Jungen folgende Grundstellung ein: »Fersen aneinander geschlossen, jeden der Füße unter einem halben rechten Winkel nach außen gedreht, Beine gestreckt, Knie zusammen, Körper ungezwungen aufrecht getragen, Schultern etwas zurückgenommen, so dass die Brust frei hervortritt, Arme frei herabhängend, Daumen nach vorn, Kopf und Blick geradeausgerichtet«. Damit standen sie ziemlich genau in der Haltung da, die der Manierenlehrer von 1900 als die »geeignetste und gesündeste« bezeichnete.

HALTUNG ANNEHMEN

Im zivilen Leben achteten die Herren darauf, dass kein Geräusch entstand, wenn sie »Haltung annahmen« und die Fersen zusammenschlugen. Bei den Wehrmachtssoldaten, die genagelte Stiefel trugen, klackte es dagegen ziemlich laut. Weil in der Hitler-Diktatur besonders viel gehorsame Haltung verlangt wurde, klackte es auch besonders oft. Heute versteht man unter dem Ausdruck »die Hacken zusammenschlagen« besonders kritiklose Untertänigkeit.

HALTUNG BEWAHREN

Der Schriftsteller Joseph Roth beschreibt in seinem Roman »Radetzkymarsch«, wie ein österreichischer Major seinen alten Diener besucht. Dieser liegt sterbenskrank im Bett. Dennoch versucht er noch im Liegen, sich vor seinem Herrn gerade zu halten und unter der Decke die Hacken zusammenzuschlagen. So tief hatte er die Pflicht zur korrekten Haltung verinnerlicht.

Die Turnlehrer begannen in den Schulstunden, was die Unteroffiziere später während des Militärdienstes vollendeten. In den Anstandsbüchern wurde diese Erziehung bejubelt. Vor ihrer Soldatenzeit seien die »Jünglinge« nachlässig und greisenhaft vorübergebeugt durch die Straßen geschlurft, klagt ein Autor. Als er die Jugendlichen später wieder trifft, erkennt er sie kaum wieder und freut sich ungeheuer: »Ihre gerade, straffe Haltung ist eine Augenweide.« Wie viel Demütigung, Drill und Dressur diese Form der Körperbeherrschung gekostet hatte, interessierte ihn nicht.

Viele Männer blieben der Haltung, die ihnen beim Militär eingebläut worden war, ihr ganzes Leben lang treu. Wann immer es verlangt wurde – in der Kirche, auf einem Amt, bei Gericht oder auf einer Beerdigung –, funktionierten ihre Körper fast wie Automaten. »Wer von jung auf dazu erzogen ist, sich gerade zu halten, wird später gar nicht mehr anders können«, kann man in einem Manierenbuch von 1968 nachlesen. Aus der strammen Haltung war ein Lebensgefühl geworden. Diese Männer hatten endgültig »Anstand im Leibe«.

Nichts anmerken lassen

»Von der Körperhaltung eines Menschen lässt sich auf sein Wesen schließen«, behauptete ein Anstandslehrer 1906. Er glaubte einen Schlamper an der nachlässigen Haltung zu erkennen und vermutete in einer stolz aufgerichteten Gestalt einen edlen Charakter. Inzwischen weiß man, dass auch das Gegenteil stimmen kann. Eine anerzogene Körperhaltung kann das wahre Wesen eines Menschen auch verbergen.

Gerade die sogenannte »korrekte Haltung« war wie eine Art Ganzkörpermaske für die Gefühle. Sie war undurchdringlich. Wer es gelernt hatte, in allen Lebenslagen »Haltung zu bewahren«, konnte dahinter immer verbergen, wie es ihm wirklich ging. Ein solcher Mensch geriet weder außer sich vor Freude noch ließ er sich von Trauer beugen. Es koste »Mut und Selbstüberwindung, sich so unablässig zusammenzunehmen; aber man gelangt allmählich dahin, dass man sich daran gewöhnt, immer in anständiger Haltung sich zu befinden«, so erklärte 1897 der Verfasser eines Anstandsbuches altbacken und umständlich, um was es ihm ging. »Strebe ganz besonders, deine Gemütsregungen zu beherrschen, vor allem den Zorn«, schrieb er. Von einem wohlerzogenen Kind erwartete er, dass es – falls es sich überhaupt je auf einen Streit einließ – seine Wut ebenso wenig äußerte wie seinen Triumph.

Wie diese vorbildliche Haltung aussehen könnte, schauten sich die Kinder bei Figuren wie dem edlen Apachenhäuptling »Winnetou« aus den beliebten Wildwestromanen von Karl May ab. Ein Indianer lässt sich bekanntlich nichts anmerken und kennt auch in den schlimmsten Situationen keinen Schmerz. In Adelskreisen nannte man das vornehm »Contenance« vom französischen Wort für Haltung, Fassung. Wir sagen heute Selbstkontrolle dazu.

UNGERÜHRT

Musterbeispiele für korrekte Haltung sind die Sprecher der Fernsehnachrichten. Auch bei den schlimmsten Meldungen zucken sie nicht mit der Wimper. Lange traute man so viel Selbstbeherrschung nur Männern zu. Wibke Bruhns war 1971 die erste Nachrichtensprecherin.

HALTUNG BEWEISEN

Wenn ein vornehmer Mann seine »Standes- oder Mannesehre« angegriffen sah, sah er keinen anderen Ausweg als ein Duell. Er forderte »Satisfaktion«, auf Deutsch: Genugtuung. Die Ehre litt schon bei unhöflichen Bemerkungen, vor allem aber, wenn es um Frauen ging. Noch 1919 enthält ein Benimmbuch Regeln für das Verhalten bei Duellen. Sie fanden im Morgengrauen und an geheimen Orten statt. Zwei Sekundanten (Beistände) überwachten den Ablauf. Sie vermaßen die Entfernung, prüften die Pistolen und gaben die Anweisungen. Bei Säbelkämpfen kontrollierten sie, dass keiner heimlich einen Brustpanzer unter dem Hemd trug. Die Duellanten erschienen in Uniform oder in eleganter Kleidung mit Zylinderhüten auf dem Kopf und verbeugten sich voreinander. Viele schossen ebenso unauffällig wie absichtlich in die Luft. Nur jedes 14. Duell endete mit dem Tod.

Manche Adelige bewahrten Haltung bis zu ihrem Ende. Von der 1793 zum Tode verurteilten französischen Königin Marie Antoinette heißt es, sie sei mit hocherhobenem Haupt zum Schafott gefahren. Noch im Angesicht des Fallbeils gab ihr ihre antrainierte unnahbare Haltung ein Gefühl der Überlegenheit über das gaffende Volk, das sie eigentlich leiden sehen wollte.

Jeden Sonntag war Manierenprüfung

Die Anstandslehrer wussten, dass gute Haltung und ein ehrerbietiges Benehmen Nutzen bringen konnten für das ganze Leben. Wie das ging, zeigte sich jeden Sonntag zwischen 11 und 13 Uhr. In dieser Zeit machten vor hundert Jahren alle, die auf gute Beziehungen hofften und Kontakte knüpfen wollten, ihre »Aufwartung« bei einflussreichen Leuten. So nannte man die Antritts- oder Anstandsbesuche. Sie konnten entscheidend sein für den persönlichen Aufstieg und das gesellschaftliche Ansehen.

Ein Anstandsbesuch war kein lustiger Zeitvertreib, sondern eher eine Art Manierenprüfung. Man musste nämlich neben seiner Visitenkarte auch einen guten Eindruck hinterlassen.

Hallo Annabell,
hast Du schon die Visitenkarten gesehen, die sich Fred gebastelt hat? Er nennt sich »Fred von Flitzekacke«. Drunter steht: »Abschaum-Forschungen aller Art« und »Nehme gerne Aufträge an«. Er hat mir eine davon überreicht. Mit Verbeugung. Was soll man davon halten?

Deine Karla

Eine Viertelstunde lang – länger sollte eine Visite nicht dauern – standen die Aufmachung, die Haltung, der Gesichtsausdruck und die wenigen Worte unter genauer Beobachtung. Wer wegen schlechter Manieren »durchfiel«, merkte das spätestens bei der nächsten größeren Gesellschaft oder beim nächsten Ball. Solche Leute wurden nicht mehr eingeladen. Sie zählten nicht mehr zur sogenannten »guten Gesellschaft«. Damit waren sie ausgeschlossen vom Klatsch und allen wichtigen Informationen um Geschäfte, Karrieren und mögliche Heiraten.

Für den Anstandsbesuch kleidete sich der Herr in Frack und Zylinder und auch seine Gattin machte sich fein. »Halbhelle« Handschuhe fand man »unerlässlich«. An der Haustüre gaben die Besucher ihre Visitenkarten dem Dienstmädchen, das sie ins Empfangszimmer geleitete.

Zu essen oder zu trinken gab es nichts. Ein bisschen erinnern diese Visiten an die Art, wie früher die Fürsten die Bittsteller aus dem Volk empfingen: Der Besucher schlüpft in die Rolle des Untertanen, der Besuchte dagegen wird hofiert wie ein Herrscher. Jeder Anstandsbesuch zog innerhalb von acht Tagen einen Gegenbesuch mit vertauschten Rollen nach sich. Erst dann war das zeitraubende System des wechselseitigen »Bekanntmachens« abgeschlossen.

GEHEIMSPRACHE DER VISITENKARTEN

Trafen die Anstandsbesucher niemanden an, so hinterließen sie ihre Visitenkarten. Die französischen Abkürzungen darauf waren wie ein verschlüsselter Code und erklärten den Grund des Besuches: p. p. = pour présenter (um sich vorzustellen), p. f. = pour féliciter (um zu gratulieren) oder p. p. p. = pour prendre part (um Beileid auszusprechen). War der linke Rand umgebogen, so wusste der Besuchte, dass die Karte persönlich und nicht durch einen Boten abgegeben worden war.

Liebe Lena,
jetzt weiß ich, warum Fred so viel redet. Seine Mutter ist genauso. Gestern kam sie bei uns vorbei und wollte eigentlich bloß kurz was zum Elternabend fragen. Am Ende blieb sie volle drei Stunden, weil ihr dauernd was Neues einfiel.
Karla

Hallo Karla,
mein Dad ist von seiner Geschäftsreise zurück. Er hat erzählt, dass die Chinesen ganz viel lächeln, auch dann, wenn ihnen gar nicht zum Lachen zumute ist. Nur damit niemand ihre wahren Gefühle erkennen kann. Mir kommt das reichlich verrückt vor.
Keep smiling. Annabell

Wieso soll das verrückt sein? Meine Oma kann das auch perfekt.
Karla

Für die Konversation bot ein Anstandsbüchlein von 1863 vorformulierte Mustergespräche an. Es hieß »Salon-Gespräche«, und der Verfasser war überzeugt, dass man die Vorlagen »mit geringem Nachdenken« allen vorkommenden Situationen anpassen könne. Die Unterhaltung beschränkte sich auf auswendig gelernte Höflichkeitsfloskeln wie »Sie werden gütigst entschuldigen, dass ich mir die Freiheit nehme, Ihnen einen Besuch abzustatten« und »Ich habe die Ehre, Ihnen mein Fräulein Tochter vorzustellen«.

Ein Anstandsbesuch verlangte Disziplin, und die Manierenlehrer sparten nicht mit Ratschlägen. »Zwingen Sie sich zur Freundlichkeit«, riet ein Leitfaden für Anstand 1798. Auf keinen Fall durfte man seine Unsicherheit verraten und »die Augen unstet überall herumirren« lassen. Bereits Erasmus von Rotterdam hatte die Augen als »Sitz der Seele« erkannt.

Am besten, so rieten die Anstandsbücher, sollten die Besucher in ihren Blicken gar nichts von ihren Gefühlen preisgeben. Jedes Augenzwinkern wurde interpretiert. Hochgezogene Augenbrauen waren ein »Zeichen von Hochmut«, rasche Augenbewegungen deutete man als »unheimlich«, verdrehte Augen als scheinheilig und in niedergeschlagenen sah man ein schlechtes Gewissen. Einer Frau direkt ins Gesicht zu schauen, fand man »anmaßend, ja vielleicht sündhaft«.

Ständig von den Fuß- bis zu den Haarspitzen auf die Haltung zu achten, fiel auch damals niemandem leicht. »Man muss seinen Körper völlig in der Gewalt haben«, wünschte der Verfasser eines Ratgebers. Wenn man allerdings liest, was die alten Bücher seitenlang als Beispiele für schlechtes Benehmen in den Salons auflisten, kann es damit noch nicht sehr weit hergewesen sein. Man kann sich die ängstliche Nervosität der Anstandsbesucher lebhaft vorstellen.

Sie wurden getadelt, weil sie ihre Hände gegeneinander rieben, an ihren Kleidern oder an denen der anderen Gäste herumzupften oder weil sie an ihren Jackenknöpfen drehten, Blumen zerpflückten, mit den Fingern knackten, die Fäuste ballten oder an den Fransen der Tischdecke und den Quasten der Polstermöbel herumspielten. In ihrer Befangenheit, wo sie ihre überflüssigen Hände unterbringen sollten, stemmten sie die Daumen in die Armlöcher der Weste, versenkten sie in den Hosentaschen, kratzten sich am Kopf, fuhren sich über den Bart oder trommelten selbstvergessen auf der Tischplatte herum. Das alles sind »üble Angewohnheiten, die als durchaus unanständig abzulehnen sind«, urteilte ein »Anstandsbüchlein« streng.

Als Nachfolger der Visiten gelten sogenannte Geschäftsessen, zu denen manche Chefs die Bewerber um eine offene Stelle einladen. Dabei gehe es keineswegs um lockere Geselligkeit, behaupten moderne Stil- und Etiketteberater, sondern vor allem darum, die guten Umgangsformen der zukünftigen Mitarbeiter zu testen.

In den Empfangszimmern ging es so angespannt und ernsthaft zu wie in einem Bühnenstück. Die Besucher hatten ihre festen Rollen und kannten ihre Positionen. Wer sitzen durfte, bekleidete – wie einst der König auf dem Thron – eine höhere Stellung als der Stehende. Stand eine Dame auf, erhoben sich die Herren. Stand der Hausherr auf, erhoben sich alle. Der Vornehmste erhielt den Platz im Raum, von dem aus er den besten Überblick hatte und an dem er von allen gesehen wurde. »Zeigt dir der Hausherr etwas am Fenster, so stelle dich, besonders wenn er ein Vornehmerer ist, nicht neben, sondern etwas seitwärts hinter ihn«, verlangte die Etikette. Diesen Abstand nicht zu wahren, hätte damals jeder als schlechtes Benehmen aufgefasst.

Wann es Zeit wurde zu gehen, entnahm der Gast aus dem Verhalten des Hausherrn. Wenn dieser anfing, gelangweilt und zerstreut »den Bleistift zu spitzen, auf die Uhr zu schauen, mit der Uhrkette zu spielen«, griff der Besucher nach seinem Hut, verneigte sich und ging rückwärts zur Tür. Unter keinen Umständen durfte er bei seinem Abschiedsgruß schon die Türklinke in der Hand haben. Damit hätte er nämlich deutlich gemacht, wie dringend er wegwollte.

Anstandsbesuche sind inzwischen so gut wie ausgestorben. Seit es Telefon und Internet gibt, geht kein Mensch mehr auf gut Glück mit der Visitenkarte in der Hand bei angeblich wichtigen Leuten vorbei, nur um sich vorzustellen.

Um »Haltung« allerdings geht es im heutigen Manierenleben noch genauso wie vor Jahrhunderten. Wenn ein Anstandslehrer 1894 schreibt, dass er schon auf den ersten Blick an der Haltung erkennen könne, »in welchen Kreisen sich der Mensch gewöhnlich bewegt, welche Erziehung er genossen und wie weit er es mit der Herrschaft über sich selbst und seinen Körper gebracht hat«, so ist das heute noch ganz ähnlich. Allerdings sieht das, was man heute als gute Haltung betrachtet, ziemlich anders aus als damals. Als beispielhaftes Modell zur Nachahmung hat das Militär spätestens seit dem Zweiten Weltkrieg ausgedient. Kaum jemand orientiert sich in seiner Körpersprache noch an soldatischer Härte, Disziplin und Konsequenz. Wer erfolgreich auftreten will, sucht sich andere Vorbilder, denn in einer Demokratie wird nicht befohlen, sondern überzeugt. Ungezwungene Umgangsformen, lässige Bewegungen, federnde Schritte und entgegenkommende Gesten prägen die neue

Haltung. Niemand ist mehr zackig, alle geben sich cool und entspannt. Scheinbar ohne Anstrengung werden Vorträge gehalten, Wahlen gewonnen, geschäftliche Erfolge erzielt oder Prüfungen bestanden. Dass die leicht nachlässige Körperhaltung bei diesen Anlässen womöglich mehr Selbstbeherrschung verlangt und viel mehr Übung braucht als die alte Disziplin, wusste 1528 schon der Hoflehrer Baldassare Castiglione. »Sprezzatura« nannte er die Fähigkeit, auch dann noch locker zu wirken, wenn man dazu alle Kräfte anspannen musste.

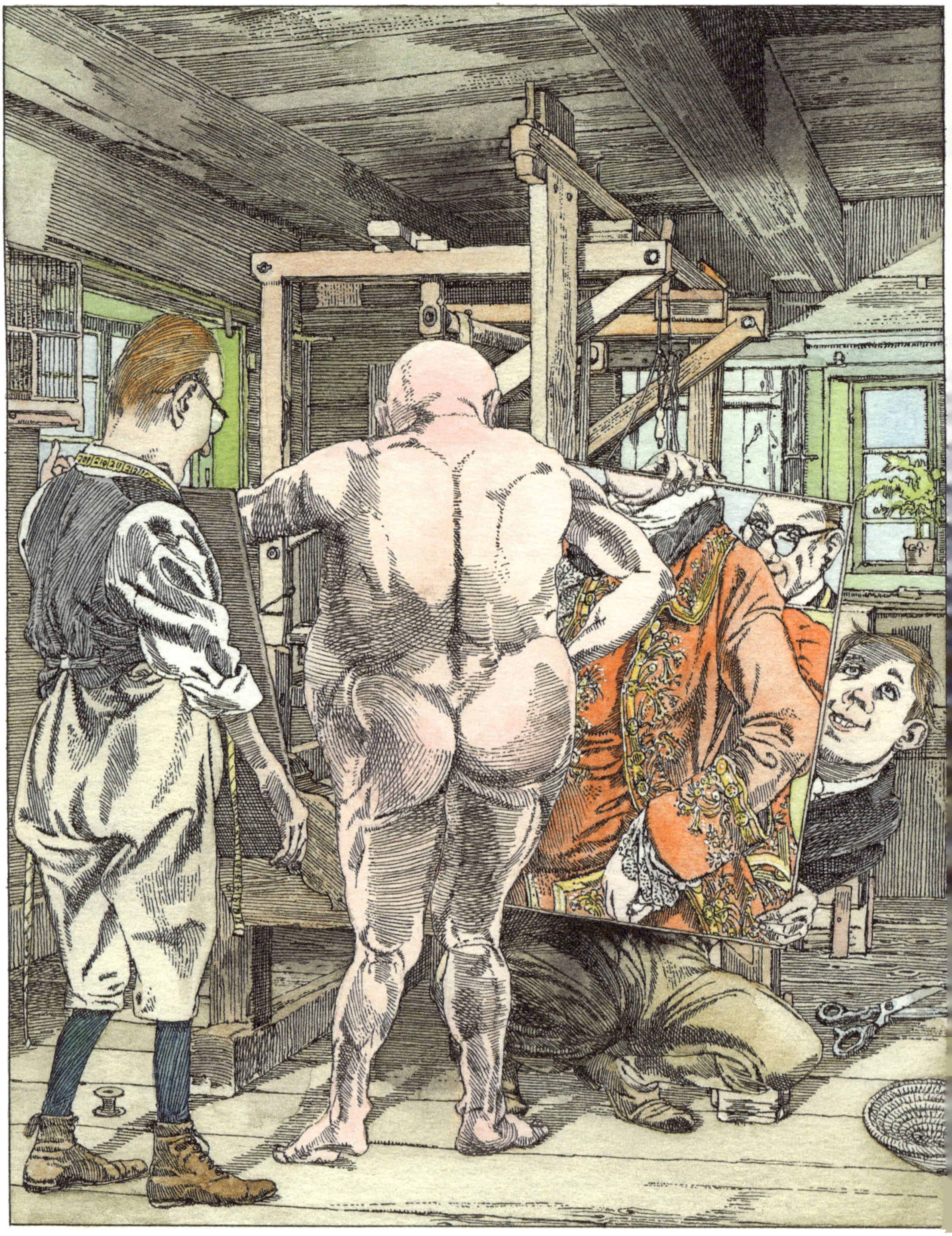

Warum zog im Sommer niemand Shorts an?

Im Märchen vom Aschenputtel tanzt der Prinz mehrere Nächte lang mit einem Mädchen, das sich sehr fein gemacht hat. Trotzdem kann er sich hinterher nicht mehr an ihr Gesicht erinnern. Erst als sich herausstellt, dass der elegante Schuh, den sie beim Fest verloren hatte, an ihren Fuß passt, ist der Königsohn überzeugt, dass sie auch die richtige Person für ihn ist. Nicht nur die Märchenbücher sind voll von solchen Geschichten, die von der Macht der Kleidung erzählen. »Kleider machen Leute«, sagte man. Heute reden alle vom »Dresscode«, aber geht es nicht immer noch um dieselbe Sache?

Ein König zieht sich nicht alleine an

»Wenn eure Eltern euch einen schönen neuen Anzug schenken, dürft ihr nicht wie ein Pfau darin herumstolzieren und vor allem nicht gegenüber euren Kameraden damit prahlen wollen«, schrieb 1530 der Gelehrte Erasmus von Rotterdam. Er lehnte die Angeberei mit kostbaren Kleidern ab. Ihm genügte, wenn das Äußere seiner Schüler »schlicht

> **WIE EIN KÖNIG AUFSTAND**
>
> **»Sire, es ist Zeit«, sagte der erste Kammerdiener jeden Morgen um acht Uhr und schlug die Vorhänge des königlichen Bettes zurück. Er selbst hatte sein Lager am Fußende neben dem Bett. Die ersten Besucher warteten schon vor der Tür. Zunächst kam der Leibarzt, der den König mit Weingeist und Orangenwasser abrieb, weil dieser leicht schwitzte. Danach überreichte einer der hohen Adeligen das frische Hemd. Die beiden Chef-Kammerdiener streiften es dem König über. Der eine war für den rechten, der andere für den linken Ärmel zuständig. Ausgewählte Personen trugen seine Stiefel herbei. Andere durften ihm den Degen bringen.**

und sauber« war. Wenn man bedenkt, dass er sich mit seinem Sittenbuch an die Söhne aus den reichen und adeligen Häusern wandte, ist seine Bescheidenheit erstaunlich. Denn eigentlich war es im 16. Jahrhundert nur den Angehörigen der Adelsschicht erlaubt, sich mit ihrer Kleidung so herauszuputzen, wie es ihnen gerade einfiel. Nur sie durften für ihre »Anzüge« alles verwenden, was an kostbaren Zutaten zur Verfügung stand: Samt und Seide, Brokat und Stickereistoffe, Borten und Spitzen, Perlen und Goldfäden, Pelze und Federn. Sie konnten ihre Gewänder mit so vielen Falten nähen lassen, wie sie Lust hatten, Hüte mit Pfauenfedern aufsetzen und sich pfundweise mit Schmuck behängen, wenn ihnen gerade danach war. Doch dem Lehrmeister aus den Niederlanden gefiel weder die Protzerei noch die unmäßige Verschwendung und am wenigsten die Eitelkeit, die eine schlimme Sünde war.

Die ganz Großen im Reich, die Könige und Fürsten, hatten früher nicht nur das Recht, sondern auch die Pflicht, die schönsten und kostbarsten Gewänder zu tragen. Ein Herrscher in bescheidenen Kleidern wäre von seinen Untertanen gar nicht ernst genommen worden.

Von heute aus betrachtet, kommt uns ein Königshof wie der französische in Versailles vor dreihundert Jahren wie ein riesiges Theater vor. Die Hauptdarsteller waren die Mitglieder der königlichen Familie, die vielen Tausend adeligen Mitbewohner traten in kleinen Nebenrollen auf, oder sie stellten wie die Besucher und die Heerscharen der Diener das Publikum. Jeden Tag gab es dasselbe »Programm«. Der gesamte Hof führte die Macht des Königs auf. Ein bedeutendes Zubehör waren die Kleider.

Jeden Morgen wurde Ludwig XIV., den man wegen seiner Lust an allem Prächtigen den »Sonnenkönig« nannte, aufs Neue Kleidungsstück für Kleidungsstück zum Herrscher aller Franzosen aufgebaut und ausstaffiert. Das königliche Aufstehen am Morgen und das Zubettgehen am Abend waren Ereignisse von großer Wichtigkeit. Sie waren öffentlich, und es wurde genau Buch darüber geführt. Alle Hofleute, die den König zwischen Aufwachen und Frühstück bedienen durften, empfanden das als hohe Auszeichnung. Besonders hervorgehoben

STADT UND LAND

Wenn die Adeligen sich einer neuen Mode zuwandten, bekamen die unteren Stände nach und nach die Erlaubnis, einige der abgelegten Schnitte und Stoffe zu kopieren. Erst mit ziemlicher Verspätung sickerte etwas von den vornehmen Kleidersitten nach unten durch. Wichtiger als eine abwechslungsreiche Garderobe fand man auf dem Land die Unterscheidung von Dorf zu Dorf. So konnte man gleich sehen, wer zum eigenen Ort gehörte und wer nicht. Aus diesen kleinen Unterschieden entwickelten sich die ländlichen Trachten.

fühlte sich derjenige, der abends beim Zubettgehen den Kerzenleuchter halten durfte.

Das Leben rund um den König lief ab wie eine endlose Zeremonie. Für alles und jedes gab es genaue Benimmvorschriften, die man »die Etikette« nannte. Sie war wie ein Gesetz. Weil der König das Vorbild für alle war, hielt sich auch der ganze Hofstaat an diese Regeln. Jeder wollte dem König durch besonders mustergültige Kenntnisse der Etikette gefallen und hoffte so auf eine Auszeichnung oder ein Vorrecht. Nur seine Lieblinge durften zum Beispiel rote Absätze tragen. Wer sich in der Etikette nicht auskannte und sich bei einer Audienz als einfacher Baron vor einen ranghöheren Herzog drängte oder gar den Hofknicks vergaß, machte bestimmt keine Karriere bei Hofe.

Die Etikette galt auch für die Kleidung. Was am Hof des »Sonnenkönigs« getragen wurde, bestimmte ungefähr 100 Jahre lang die Mode der vornehmen

STÄNDE

Den Aufbau der Ständegesellschaft muss man sich vorstellen wie eine Pyramide. An der Spitze saß der König. Alle waren überzeugt, dass er das Recht zur Herrschaft direkt von Gott erhalten hatte. Der erste Stand unter ihm war von den Vertretern der Kirche besetzt. Den zweiten Stand bildeten die Adeligen. Alle Übrigen, und das waren mehr als drei Viertel der Bevölkerung, gehörten zum dritten Stand: Handwerker und Bauern, Lehrer und Ärzte, Kaufleute und städtische Beamte, Knechte, Mägde und Soldaten. Wer im dritten Stand geboren war, blieb da sein Leben lang, egal, wie reich oder arm einer war. Doch weil der dritte Stand so riesig war, hatte er sehr viele Abstufungen und Unterteilungen. Für jede einzelne galten eigene Kleidervorschriften.

Gesellschaft in ganz Europa. Alle eiferten dem Stil des Königs nach, doch niemand durfte ihn an Eleganz übertreffen. Für alle Gelegenheiten – Empfänge, Theater, Feste, Konzerte, Diners, Bälle, Jagden und Ausfahrten – wurden Ausstattungen vorgeschrieben, die ebenso passend wie protzig waren.

Es dauerte jeden Tag viele Stunden, bis die Hofleute angezogen, geschminkt und frisiert waren. Allein und ohne die Hilfe ihrer Diener wären sie nie fertig geworden.

Die prächtigen Kleider machten auf den ersten Blick klar, dass eine mächtige Person in ihnen steckte. Weniger einflussreiche Leute konnten von solch eindrucksvollen Auftritten nur träumen. Sich so anzuziehen, war für den Rest der Bevölkerung nicht nur unerschwinglich; es war sogar verboten.

Seit 1547 schrieb in Deutschland eine Reichs-Policey-Ordnung bis hin zur schmalsten Schmuckborte haarklein vor, wie viel Aufwand die verschiedenen Stände mit ihren Kleidern treiben durften. Ein reicher Kaufmann hatte nicht das Recht sich zu kleiden wie ein Adeliger. Ein Bauer durfte keinen Pelzkragen und kein Halstuch aus Seide tragen. Einmal im Jahr lasen die Pfarrer in der Kirche nach der Morgenpredigt die neuesten Kleiderregeln vor.

NICHT IN DIE BLUMEN TRETEN

Angeblich kommt das Wort »Etikette« von den Verbotsschildern, die Ludwig XIV. im Garten von Versailles aufstellen ließ, damit die Aristokraten nicht ständig die Blumen zertrampelten.

Den Männern wurde es zu bunt

Nach 1712 gab es keine polizeilichen Kleidererlasse mehr. Trotzdem hielten sich die Leute beim Anziehen an die Ständeregeln. »Es erregt Widerwillen, wenn sich Arme zu luxuriös, aber auch, wenn sich Reiche zu ärmlich kleiden«, fand ein Sittenbuch 1847. Wer damals durch eine Stadt ging, wusste

BÜRGER

Die treibende Kraft der Französischen Revolution waren die Bürger des dritten Standes. Ihr Protest richtete sich gegen die Allmacht des Königs, gegen die Sonderrechte der Adeligen und gegen die reiche Kirche, die das Land besaß, das die Bauern bearbeiteten. Die Bürger forderten Gleichheit, Freiheit und Brüderlichkeit für alle Menschen. Maßstab für alle Entscheidungen sollte die Vernunft sein. Diese neue Weltanschauung nannte man die Aufklärung. Die aufgeklärten Bürger wollten endlich am öffentlichen Leben und an der wirtschaftlichen Entwicklung teilhaben. Doch die alte Ständeordnung hielt sich zäh. Im 19. Jahrhundert sprach man sogar von einem vierten Stand. Damit waren die Industriearbeiter gemeint.

schon nach dem ersten Blick auf die Kleidung der Passanten, in welchen Verhältnissen sie lebten, was sie arbeiteten, ob sie verheiratet oder ledig waren und ob sie in der Stadt wohnten oder vom Dorf kamen. »Da einmal die Unterschiede der Stände in dieser Welt sein mussten, so müssen auch Zeichen sein, wodurch jeder zu erkennen gibt, dass er diese Unterschiede anerkenne«, erklärte der Lehrer Johann Heinrich Campe 1798. Eines dieser »Zeichen« waren die Kleider, und alle Leute verstanden sie ohne Worte: Ein Kaufmannssohn erkannte eine Dienerin sofort an ihrem Umschlagtuch und ihrer Haube. Auch wenn sie schön und klug war, kam sie für ihn als Freundin niemals in Frage. Die Kleidung war deshalb auch ein praktisches Mittel, um unstandesgemäße Verwechslungen zu vermeiden.

BEKANNTMACHUNG

Die Königliche Gemäldegalerie ist täglich von 9 bis 1 Uhr bei freiem Eintritt für anständig Gekleidete geöffnet.
Dresden, 19. August 1839

Der Lehrer Campe wandte sich mit seinen Ratschlägen an einfache Bürgertöchter. Sie sollten einmal einen netten Mann aus ihrem Stand heiraten, vielleicht einen Handwerker oder einen Beamten, mit ihm Kinder bekommen und ihm den Haushalt führen. Diesen Mädchen aus den mittleren Ständen erlaubte er, dass sie sich »bei bescheidener Simplizität« (Einfachheit) und »äußerster Reinlichkeit« nett und geschmackvoll kleiden durften. Sollten sie jedoch versuchen, sich wie die Frauen der höheren Stände aufzuputzen, fand er sie einfach nur dumm. »Sie geben dadurch einen Beweis ihrer Verstandesschwäche«, urteilte er hart. Aufgedonnerte Kleidung wäre als Zeichen für einen unerreichbaren Stand missverstanden worden.

KRAWATTE

Ludwig XIV. gefiel das geknotete Halstuch, das er 1663 bei einem Reiterregiment aus Kroatien sah. Von nun an banden sich alle einen Stoffstreifen »à la Croate« um den Hals. Es gab an seinem Hof sogar einen eigenen »Cravatier«.

Die Pflicht, sich äußerlich nicht über seinen Stand zu erheben, galt jedoch nicht nur für Frauen. Auch die Männer des Bürgertums sollten bescheiden auftreten.

Schleifen, Spitzen, Borten, Rüschen und aus den Hosentaschen heraushängende Taschentüchlein lehnten die Anstandslehrer als überflüssige »Albernheiten« und »bunten Tand« der höfischen Herrenmode ab. »Das Bunte, Prahlende, Auffallende gefällt dem Geschmackvollen nicht«, liest man 1797.

Inzwischen zählten eben nicht mehr nur die vornehme Herkunft, sondern auch Nützlichkeit und Fleiß zu wichtigen Werten. Die Kleidung sollte vernünftig und zweckmäßig sein. Aus dunklen, einfarbigen, aber guten Stoffen geschnitten und nach den Gesetzen der Symmetrie angeordnet, so liebte der gutgekleidete Bürger von nun an seine Jacken und Hosen. Diese »anständige Kleidung« passte dann zu allen Gelegenheiten und an allen Orten.

Nach heutigen Maßstäben waren die Männer immer noch so schick angezogen, als ob sie täglich zu einer Einladung beim Bundespräsidenten unterwegs gewesen wären. Doch verglichen mit dem Aufwand, den die Hofgesellschaft mit ihren Kleidern trieb, sah ihr Äußeres sehr schlicht aus: »Der englische schwarze Anzug ist einer der geschmackvollsten Anzüge überhaupt«, fand ein Benimmratgeber. An dieser Einschätzung hat die Männermode nur noch Kleinigkeiten, aber nichts wirklich Wesentliches mehr geändert. Der würdige Herrenanzug ist zeitlos und dunkel. Wer sich am Arbeitsplatz oder bei offiziellen Anlässen bunt wie ein Papagei kleidet, wird abschätzig angeschaut.

DIENSTBOTENKLEIDUNG

Die männlichen Diener wurden in eine Livrée (eine Art Uniform) gesteckt, wie sie heute noch die Türsteher teurer Hotels tragen. Die Dienstmädchen waren am Spitzenhäubchen und der weißen Schürze zu erkennen. Beim Servieren waren weiße Handschuhe Pflicht. Ging eine Hausangestellte aus, so verlangte 1921 ein Anstandsbuch, dass sie so angezogen war, »dass sie sofort als Dienerin kenntlich ist«. Sie trug eine Schürze und ein Umschlagtuch, denn ein Mantel gehörte zur »herrschaftlichen« Kleidung.

Höchstens beim Sport, in der Freizeit oder im Showgeschäft darf ein Mann farbig aus der Rolle fallen. Manchmal erwartet man das sogar.

Manche der Zeitgenossen im 19. Jahrhundert machten Witze über das düstere Schwarz und Flanellgrau der Anzüge, an denen man die frühen Unternehmer erkennen konnte. Die Hosen erinnerten an Ofenrohre, spotteten sie, und passten genau zu den rußigen Schornsteinen ihrer Fabriken. Der einzige Lichtblick war die blütenweiße Weste, und der einzige Farbtupfer war die Krawatte. Sie ist das, »was die Augen an einer schönen Gestalt sind«, schwärmte 1833 ein Benimmlehrer.

Was Flicken und Flecken verraten

Nachdem die bürgerliche Mode die Schmucklosigkeit zum Ideal gemacht hatte, wurde die makellose Sauberkeit der Kleidung umso wichtiger. Sie war die einzig erlaubte Zierde. In den Augen der Anstandsexperten konnte jedes Staubkorn und jede Fussel den guten Eindruck komplett zerstören. »Die Bürste übergleite oft und lang deinen Hut und deinen Rock. Nichts an dir habe den Anschein von Nachlässigkeit, Unordnung und Unreinlichkeit«, heißt es 1833. »Man ist gewohnt«, so liest man weiter, »vom Äußeren des Menschen auf das Innere zu schließen.« Ein penibel in Ordnung gehaltener Anzug war also ein sicherer Beweis für allgemeine Ordnungsliebe.

»Nicht jedermann kann sich vornehm und kostbar kleiden, aber jedermann kann reinlich sein«, hieß eine allgemeine Manierenregel vor etwa hundert Jahren. Das klingt in unseren Ohren nicht be-

FLICKEN

Weil er mit Flicken auf der Hose zur Schule geschickt wurde, verhöhnten ihn die anderen Schüler unbarmherzig, schreibt der Schriftsteller Hans Fallada (1893–1947) in seinen Erinnerungen. »Man hatte damals eben sehr ausgesprochene Ansichten über das, was schicklich ist. Und am Prinz-Heinrich-Gymnasium waren geflickte Hosen eben unschicklich.«

sonders schwierig, aber damals gab es weder Waschmaschinen noch pflegeleichte Stoffe. Wer immer sauber und akkurat angezogen zu sein wollte, hatte entweder tüchtige Dienstboten oder ziemlich viel Arbeit.

Umgekehrt setzten die Anstandsratgeber die Mängel an der Kleidung mit Mängeln im Charakter gleich. Unschöne Flecken auf der Jacke zeigten ihnen ganz direkt die Flecken auf der Seele. »Vom schadhaften Kleide schließt man auf ein verkommenes Inneres«, urteilte ein Anstandsbüchlein für das Volk hart. Das war eine Ansicht, die sich sehr lange hielt. Karlas Oma hat darum bis heute vorsichtshalber immer ein kleines Nähzeug in ihrer Handtasche.

Doch auch sorgsam geflickte Kleider waren nicht einfach mit den guten Manieren zu vereinbaren. Diejenigen, die es sich leisten konnten, zerrissene Hosen oder aus der Mode gekommene Hemden immer gleich durch neue zu ersetzen, schauten verächtlich auf die anderen herab, die mit fadenscheinigen oder ausgebesserten Kleidern auskommen mussten.

Bei der Vorstellung, dass man einmal Geld für Kleidungsstücke ausgeben würde, die absichtlich ein gebrauchtes Aussehen haben, hätten die Manierenlehrer der Vergangenheit sicher nur die Köpfe geschüttelt.

Liebe Karla,
ich kann Dir diese Jeans nicht kaufen. Es ist nicht in erster Linie das Geld, das mich reut. Neue Mode hin oder her, ich bringe es einfach nicht über mich, ein Kleidungsstück anzuschaffen, das bereits fleckig und ausgebleicht ist, Löcher hat und ausgefranste Nähte. So etwas hätte meine Mutter nicht einmal einem Bettler geschenkt. Vielleicht fällt Dir ja noch etwas anderes ein, das Du gerne zu Weihnachten möchtest?
Deine altmodische Oma

Die guten Kleider wollen an die frische Luft

Eine gute Gelegenheit, bei der man seine tadellose Erscheinung vorführen konnte, war der Spaziergang. Dieser Zeitvertreib ist eine durch und durch bürgerliche Erfindung. Kaum ein adeliger Herr und keine Dame wäre um 1800 je freiwillig und nur zum Spaß in Feld, Wald und Wiese spazieren gegangen. Sie »lustwandelten« vielleicht ein bisschen in den Parkanlagen, aber die freie Natur fanden sie hässlich, wild und roh. Mit ihren hohen Absätzen gingen sie ohnehin nicht gerne zu Fuß. So etwas tat in ihren Augen nur das gewöhnliche Volk, das sie verachteten.

Spazieren gehen bedeutet »zur Aufheiterung des Gemüts langsam gehen, besonders in der frischen Luft«, so ein Wörterbuch von 1801.

Die Bürger dagegen betrachteten die ungehinderte Bewegungsfreiheit als eines ihrer neuen Rechte. Reisen gehörte zu ihrer Vorstellung von Bildung. Goethe war so ein Vielreisender. Er soll im Laufe seines Lebens eine Wegstrecke von 40 000 Kilometern hinter sich gebracht haben. Allerdings saß er dabei meistens in einer Kutsche.

Fußreisen kamen richtig in Mode. Anfangs konnten die Gastwirte diese neuen Wanderer noch nicht richtig nach ihrer Kleidung einordnen und waren neugierig. Jedes Mal, wenn er zu Fuß, aber in feinen Kleidern bei einem Gasthaus ankam, sei er gefragt worden, warum er nicht in einer Kutsche reise, berichtet der berühmte Manierenlehrer Freiherr Adolph von Knigge. War er dagegen schlecht gekleidet, konnte es sein, dass er gleich wie ein armer Handwerksbursche in einem Dachstübchen einquartiert wurde. Um Verwechslungen mit diesen fahrenden Gesellen auszuschließen, verbot die Anstandserziehung den bürgerlichen Reisenden unterwegs zu essen oder zu singen. »Lass dir ja nicht beikommen, auf offener Straße zu summen oder nach Art eines Fuhrmannes zu pfeifen.«

Liebe Oma,
ich habe eine geheime Bitte an Dich. Kannst Du morgen nach dem Mittagessen nicht einfach sagen, Du wärst ein bisschen müde? Ich hasse diese langsamen Sonntagsspaziergänge in der Natur. Ich könnte Dir in der Zeit ja noch was am Computer beibringen.
Deine Karla

Liebe Karla,
ich glaube fast, ich fühle mich jetzt schon ein wenig schwach. Deshalb würde ich morgen sehr gerne erfahren, wie man im Internet auf die Gesundheitsseiten für Senioren kommt.
Deine alte Großmutter

Ein beliebtes und geselliges Vergnügen wurde der beschauliche, kurze Ausgang in der näheren Umgebung. So ein Spaziergang kostete nicht mehr als anständige Kleider und gutes Benehmen.

Unter der Woche waren die Straßen und Wege auch vor über 200 Jahren schon sehr belebte Orte. Reiter, Kutschen, Viehherden, Lastenträger und alle möglichen Leute zu Fuß bewegten sich durcheinander. »Weiche jedem Fuhrwerke und jedem Reiter sorgfältig aus«, warnte ein Anstandslehrer 1792 die Kinder, »und begib dich nicht in Gefahr, von einem wütigen Hunde gebissen oder sonst von einem scheu und wild gewordenen Tiere verletzet zu werden«. Und die Straßen waren ziemlich dreckig. Erst als an den Rändern separate Gehwege gebaut wurden, bewegten sich die Fußgänger in der Stadt einigermaßen in Sicherheit.

Auf diesen sogenannten Bürgersteigen oder auch ein wenig über Land schritten in ihrer freien Zeit hohe Stadtbeamte wie einfache Dienstboten, Lehrer und Schüler, Eltern und Kinder, Liebespaare und Senioren langsam und gemessen einher. Man begrüßte sich unterwegs, musterte sich und begutachtete im Stillen die Garderobe, bemerkte die feinen Unterschiede, beobachtete und kommentierte die Haltung, die Gestik und den Gang der übrigen Spaziergänger. So entwickelte sich der Spaziergang zu einem praktischen Übungsfeld für viele Benimmlektionen.

Jeder Schritt ein Lernschritt

Während sich die Erwachsenen gemächlich vorwärtsbewegten, rechts und links Bekannte grüßten und kleine Konversationen hielten, kämpften die Kinder mit ihrer Lust, herumzurennen und zu spielen. Dass diese damals mindestens so groß war wie heute, hört man der Schilderung eines Manierenlehrers aus dem Jahr 1792 deutlich an: »Springe nicht auf der Gasse wie ein losgerissenes Pferd, wälze dich nicht im Schnee oder auf dem Wasen (Rasen) und rutsche nicht auf den Kellertüren vor den Häusern. Ahme die elende Kunst nicht nach, auf dem Kopf zu stehen oder ein Rad zu schlagen oder mit aufwärts gerichteten Füßen auf den Händen zu gehen oder hohe Luftsprünge zu machen oder dir deine Kameraden auf dem Bauch stehen zu lassen oder Stecknadeln in die Waden zu stecken.«

Im Hof der Schule, in die Karla und ihre Freunde gehen, wurde im vergangenen Jahr ein »bewegungsaktiver Spielplatz« gebaut. Durchs viele Sitzen bequem und rund gewordene Schulkinder können dort ziemlich genau das ausprobieren, wovor der alte Lehrmeister warnt. Ausgenommen natürlich die Sache mit den Stecknadeln, die würde ganz sicher ein ernstes Gespräch mit dem Schulsozialarbeiter nach sich ziehen.

Damals erschien den Erziehern ein kleiner täglicher Ausflug unter Aufsicht ein gutes Mittel, um den wilden Gassenkindern Manieren beizubringen. »Mache dir, mein Kind«, so schlug der Ratgeber weiter vor, »täglich einige Bewegung im Freien durch Spazierengehen. Gib auf jeden deiner Schritte acht und sieh mehr auf das, was kriecht, als auf das, was fliegt.« Der raffinierte Mann wusste nämlich genau: Wer auf die Krabbeltiere am Boden schaut, verlangsamt automatisch seine Schritte.

SCHREITEN

In Schlössern und Fürstenhäusern waren die Stufen besonders flach gebaut, damit die Herrschaften selbst auf den Treppen hoheitsvoll schreiten konnten.

So trainierte jeder Sonntagsspaziergang die gemäßigten Bewegungen und die richtige Haltung. Die Eltern achteten darauf, dass die Kinder aufrecht gingen, die Knie durchdrückten und die Füße wie Balletttänzer nach auswärts setzten. »Nur Gänse und Enten dürfen nach innen gehen«, heißt es in einer Benimmfibel von 1903. Trippeln, Schleichen, Tapsen, Watscheln, Huschen, Schlurfen, Stampfen und alle anderen Fortbewegungsformen, die an Tiere erinnerten, waren nicht erlaubt. Nur die gemessene Gangart des »edlen Pferdes« taugte als Beispiel, aber auch nur so lange, es davongaloppierte. Wildes Rennen in der Öffentlichkeit »wirkt unbeherrscht und unschön«, erklärte noch 1933 eine

Autorin. Wenn sie sehen könnte, wie heute die Jogger durch Parks und manchmal sogar über Friedhöfe flitzen, müsste sie sich wahrscheinlich die Augen zuhalten.

Seit der Zeit des Erasmus von Rotterdam wurde der Laufschritt als eine Bewegungsform angesehen, die nur zu Dienern passte. Ein »ehrbarer Mann« rannte weder wie ein Lakai noch schritt er langsam daher wie eine Braut zum Altar. Die Spaziergangsgeschwindigkeit schien den Anstandslehrern genau die richtige. »Das Durcheilen der Straßen im Laufschritt« erlaubten sie ausdrücklich nur im Falle einer Feuersbrunst oder bei einem schlimmen Unfall.

Zu guter Letzt eignete sich der Spaziergang auch dazu, die unterschiedliche gesellschaftliche Stellung der Fußgänger vorzuführen. Es gefiel den Anstandsratgebern nicht, dass Leute aus verschiedenen Ständen im Freien plötzlich auf gleicher Höhe nebeneinanderher gehen könnten. Sie wollten, dass der Untergeordnete immer einen halben Meter hinter seinem ranghöheren Gesprächspartner zurückblieb. Für einen Professor und einen Handwerker, die zufällig ein Stück des Weges zusammengingen, wurde eine Unterhaltung dadurch mühselig. Entweder musste der eine beim Erzählen ständig den Hals nach hinten verrenken oder der andere sich damit abfinden, dass er bloß mit dem Hinterkopf seines Gesprächspartners redete.

Selbst eine Ruhepause war unter standesbewussten Spaziergängern eine komplizierte Angelegenheit. Wenn sich derjenige mit dem höchsten Ansehen ein Plätzchen ausgesucht hatte, sollten sich die anderen bescheiden »zu seiner Linken und in einiger Entfernung« niederlassen. Eine entspannte Plauderei gelang so wahrscheinlich nur selten.

DREISSIG ZENTIMETER

Studenten der Universität Tübingen fotografierten Paare auf der Straße. Sie stellten fest, dass der Mann fast immer »führt«. Er schiebt sich beim Gehen etwa um 30 Zentimeter vor seine Partnerin.

Feingemacht für den Sonntag

An Sonntagen und bei festlichen Anlässen steckte man die Jungen um die Wende zum 20. Jahrhundert in dunkelblaue Matrosenanzüge. Die kleinen Mädchen kleidete man gerne in zarte Spitzenkleidchen. Weiß galt als Symbol der kindlichen Unschuld.

Liebe Oma,
ich habe ein Kleid gesehen, das ich wirklich süß finde. Leider ist es ziemlich teuer. Meine Mutter sagt, für so was Affiges gibt es zu wenige Gelegenheiten. Könnten wir es nicht mal zusammen anschauen? Ich würde es dann auch an Deinem Geburtstag tragen.

Deine Karla

Liebe raffinierte Enkeltochter,
es freut mich sehr, dass Du mir zu Ehren ein besonders schönes Kleid anziehen willst. Glücklicherweise habe ich mehr Geld als Heu (Heu besitze ich überhaupt keines), und wir gehen nächste Woche mal in die Stadt. Übrigens hatte man früher jeden Sonntag eine Gelegenheit für feine Kleider: in der Kirche und beim Spazierengehen. Die meisten Kleider, an die ich mich erinnere, fand ich nicht besonders »süß«. Sie waren empfindlich, und man musste ständig auf sie aufpassen.

Bis bald, Deine »reiche« Oma

Der teure Sonntagsstaat löste bei Kindern und Erwachsenen Bewunderung und Entzücken aus. Was er verhinderte, war ausgelassenes Spielen und Toben, das sah man den empfindlichen Sachen sofort an. 1792 beobachtete ein Anstandslehrer offenbar genügend Kinder, die das nicht besonders kümmerte. »Lass deinen Mantel nicht, gleich einer Frauenzimmerschleppe, hinter dir auf den Gassen nachschleifen«, mahnte er.

Meistens verdarb einem die Achtung vor den guten Kleidern die Lust am Rennen, Springen und Klettern wie von selbst. Aus vielen Lebenserinnerungen wissen wir, dass die Kinder sehr stolz auf ihre feinen Sonntagssachen waren. »Ich wollte gar nicht spielen, wenn ich so schön war«, schreibt eine 1944 geborene Frau in ihren Erinnerungen. Deshalb ging sie sonntags nur auf sauberen Wegen spazieren, von der Küche in den Hof, vom Hof in den Garten und an der Hand der Mutter ins Dorf. Schmutz auf den Sonntagskleidern bedeutete viel mehr als bloß die zusätzliche Arbeit am nächsten Waschtag. Er machte allen anderen Spaziergängern in aller Peinlichkeit klar, dass den Eltern ihr Erziehungswerk noch nicht gelungen war.

Die Kinder trugen ihre Sonntagskleider wie Standesabzeichen spazieren. Die Spitzenkrägen, Hüte,

DAS SONNTAGSKLEID

»Es war ein Kleid ganz und gar aus weißen Spitzen, und der untere Teil des Kleides bestand aus lauter Spitzenvolants, einer bedeckte zur Hälfte den nächsten, und da gab es acht Spitzenvolants bis über die Knie. Und unter dem Spitzenkleid war ein rosa Batistunterkleid, das schimmerte durch die Spitzen an den Stellen, wo es keine Volants gab. Und zuletzt setzte die Mutter mir einen Hut auf, der war aus weißem Batist mit einem langen rosa Band, auf dem waren kleine Röschen befestigt. Ich stand vor dem Spiegel und drehte mich nach rechts und drehte mich nach links und konnte gar nichts sagen«, schreibt die 1901 geborene Schriftstellerin Alice Herdan-Zuckmayer in ihren Lebenserinnerungen.

SCHUHE

So wie heute manche Jugendliche nur bestimmte Turnschuhmarken gelten lassen, so ist in vornehmen Kreisen der teure Maßschuh der Gipfel der Eleganz. Es heißt, dass manche Herren früher ihre neuen handgenähten Schuhe von ihrem Kammerdiener einlaufen ließen, bis sie weich genug waren – vorausgesetzt, er hatte die gleiche Schuhgröße. Das eingearbeitete Metallplättchen an der Schuhspitze verriet dem Kenner bei jedem Schritt die Qualität und den Preis der Schuhe.

Mäntelchen und geknöpften Schaftstiefel waren eindeutige Hinweise auf ein reiches Elternhaus. Genagelte Schuhe und einfache Baumwollkleider erzählten von einer kleinbürgerlichen Herkunft. Gar keine Schuhe und geflickte Hosen verrieten einfach nur Armut. Das wurde auch von den Kindern untereinander genau so wahrgenommen. Auch im 18. Jahrhundert wurden Jungen und Mädchen, die zu wenige, unpassende oder minderwertige Kleider trugen, von ihren Kameraden verachtet. Möglicherweise bedrückte sie der Mangel sogar noch mehr als die Kinder heute, deren Eltern sich keine teure Markenkleidung leisten können. Der Romanheld »Anton Reiser« jedenfalls konnte den Vergleich mit dem gut angezogenen Amtmannssohn kaum ertragen: »Der schwärzeste Neid nahm auf eine Zeitlang in Antons Seele Platz; der blaue Rock mit dem samtenen Kragen, den der Amtmannssohn trug; sein feines Betragen, seine hübsche Frisur, schlug ihn nieder und machte ihn missvergnügt mit sich selbst.«

Hi Karla,
am liebsten möchte ich Annabell gar nicht mehr sehen. Als sie meine neuen Turnschuhe sah, hat sie gefragt: Sind die ein Sonderangebot aus dem Supermarkt? Bloß weil ihr Vater ihr immer teure Klamotten kauft, braucht sie doch nicht so gemein zu sein. Ich hab eine Sauwut auf sie.
Lena

Karla,
ich hab's mit Lena versaut. Ich war dieses Wochenende bei meinem Dad, aber er hatte wie üblich keine Zeit. Da hat er mir einfach Geld gegeben, damit ich ihn in Ruhe lasse. Ich soll mir was Schönes zum Anziehen kaufen. Ich war total beleidigt, und jetzt hat Lena abgekriegt, was er verdient hätte. Hilfst du mir, damit sie wieder mit mir spricht?
Deine Freundin Annabell

Symbolische Bedeutung hatten vor allem die Mützen und (bis heute) die Schuhe. Ein »Kind von Stand« trug immer eine Kopfbedeckung und immer feste Lederschuhe. Es war gegen alle guten Manieren, mit nackten Füßen in der Schule oder Kirche zu erscheinen.

Als Theodor Heuss, der später Bundespräsident wurde, als Junge einmal im Sommer mit bloßen Füßen auf dem Marktplatz herumgerannt war, bekam er zu Hause Schläge. Sein Vater hatte sich bloßgestellt gefühlt, weil sein Sohn in der Öffentlichkeit wie ein Kind armer Leute ausgesehen hatte.

Hatten die Frauen überhaupt Beine?

Seit der Antike trugen die erwachsenen Frauen Röcke, die bis zum Boden reichten. Manierenbewusste Damen konnten es sich bis ins vergangene Jahrhundert hinein nicht vorstellen, unbekleidete Füße und oder gar ein Stück der Beine zu zeigen. »Es entspricht dem Anstand und dem Schamgefühl, alle Körperteile außer Kopf und Händen zu bedecken«, lehrte ein Sittenbuch 1774.

Als die Braut des spanischen Königs Philipp IV. (1605–1665) durch eine spanische Stadt reiste, bot man ihr als Ehrengeschenk ein Paar kostbare seidene Strümpfe an. Ihr Zeremonienmeister soll sie empört auf den Boden geschleudert haben – mit den Worten: »Ihr sollt wissen, dass die Königinnen von Spanien keine Beine haben.«

Zwar waren Strümpfe damals noch selten und besonders wertvoll, und nur die reichsten Frauen besaßen überhaupt welche. Doch das Strumpfgeschenk machte aus der unnahbaren Herrscherin eine wirkliche Frau mit Beinen, und das schockierte wahrscheinlich nicht nur den Zeremonienmeister. Die Vorstellung, dass die Königin sich Strümpfe über ihre Füße zog und mit dem Strumpfband über den Knien befestigte, fand man schamlos. Damals bedeuteten bereits die Füße und Knöchel der Frauen prickelnde Erotik.

Die Strümpfe waren wie Hinweisschilder auf sorgfältig verborgene Körperzonen. Man ertrug damals – vom Standpunkt des guten Benehmens – in der Öffentlichkeit eine fast nackte Brust leichter als nackte Waden. Es gab Zeiten, in denen die Mode sehr tiefe Kleiderausschnitte erlaubte, aber nicht den kleinsten nackten Zeh. Solange die Röcke bo-

UNPASSENDE FÜSSE

Die Schauspielerin Tilla Durieux (1880–1971) erinnert sich in ihrer Biografie, wie sie einmal in einer einsamen Bucht Lust bekam, Stiefel und Strümpfe auszuziehen und ihre Füße ins Wasser zu hängen, und wie sie es dann doch nicht wagte. »Du, das ist unpassend«, flüsterte ihre Freundin, und beide Mädchen wurden feuerrot vor Scham.

denlang waren, blieben die Beine von unten bis oben tabu.

Ein Manierenrest aus der Zeit, als weibliche Waden unsichtbar waren, betrifft das Verhalten von Mann und Frau auf einer Treppe: »Geht ein Paar eine schmale Treppe hinauf, so schreitet der Herr voran, beim Abwärtsgehen hinterher.« Noch nach dem Zweiten Weltkrieg beharrten die Benimmbücher auf dieser Regel. Herren, die sich nicht daran hielten, gerieten in Verdacht, dass sie heimlich begehrliche Blicke auf die Beine ihrer Begleiterin werfen wollten.

Auch alle Arten von Sport, bei denen es um bewegliche Beine ging, wurden in den Anstandsbüchern lange Zeit als unweiblich verdammt. Turnübungen, bei denen man die Beine spreizen muss, fand man besonders unschicklich. Wenn Frauen es trotzdem wagten, Tennis zu spielen, Schlittschuh zu laufen oder Fahrrad zu fahren, trugen sie dabei lange sittsame Röcke. Beim Skilaufen hatten sie über der langen Hose zusätzlich einen Rock an.

»Ein anständiges Mädchen hat einen Kopf und zwei Hände – und sonst nichts«, hieß eine strenge Redewendung noch zu Beginn des 20. Jahrhunderts. Als die Frauen wenige Jahrzehnte später anfingen, in kurzen Kleidern Foxtrott und Charleston zu tanzen, löste das unter den Anstandslehrern heftige Debatten aus. Die Leute mussten sich erst daran gewöhnen, dass die Beine der Frauen auf einmal bis zu den Waden zu sehen waren. Die Knie allerdings blieben noch lange Zeit streng von den Rocksäumen bedeckt. Erst die Miniröcke, die in den siebziger Jahren Mode wurden, ließen ein Stück der Schenkel sehen. Nun zeigten Frauen und Mädchen fast so viel nacktes Bein wie Jungen

FRAUEN IN HOSEN

Radfahrerinnen, die um 1910 einen Hosenrock trugen, wurden auf der Straße ausgelacht. Vor fünfzig Jahren durften Mädchen höchstens an bitterkalten Wintertagen in Hosen in die Schule kommen. 1954 wünscht ein Manierenratgeber hosentragende Frauen weder im Theater noch im Restaurant. Allenfalls beim Sport und bei der Arbeit waren Frauen Hosen erlaubt. Noch 1970 wollte man weibliche Abgeordnete nur in Röcken im Plenarsaal sehen.

WIPPKÜNSTE

Damen, die Krinolinen unter ihren Kleidern trugen, schafften es, die Reifröcke bei jedem Trippelschrittchen so zum Wippen zu bringen, dass dabei doch etwas von den Knöcheln sichtbar wurde. Für die Männer war das damals ein aufregender Anblick.

und Männer in kurzen Sporthosen. Auch daran gewöhnte man sich, wenn auch unter viel Protest. Gegen Ende dieser Modephase hatten so ziemlich alle Frauen, ob dick oder dünn, alt oder jung, ihre Röcke kniefrei gekürzt. Inzwischen hat sich die Rocklänge schon wieder einige Male geändert. Dennoch ist nicht anzunehmen, dass das Frauenbein je wieder zu einer unsichtbaren Zone werden könnte, zumindest nicht in den westlichen Ländern.

BURKA

Die Burka ist ein Ganzkörperschleier, den die Frauen in streng islamischen Gesellschaften tragen. Nur so, von Kopf bis zu den Füßen unerkennbar verhüllt, dürfen die Frauen auf die Straße gehen. Vorne in Augenhöhe ist in der Burka ein Stoffgitter eingenäht, durch das die Frauen hinausschauen. Aber niemand, vor allem kein Mann, kann zu ihnen hineinblicken.

Wie viel unbedeckte Haut können wir aushalten?

Neuerdings gibt es außerdem überall enthüllte Bauchnabel zu sehen. In Karlas Schule wurde der Streifen nackter Haut zwischen Hemd und Hose sogar zum Thema einer Lehrerkonferenz. Sie beschloss ein schulinternes Verbot für bauchfreie Tops.

An das Rektorat

Sehr geehrte Frau Decker-Middenfeld,
wir finden das Verbot nicht gerecht. Deshalb haben wir eine Meinungsumfrage unter den Jungs gemacht. In die drei siebten Klassen unserer Schule gehen 46 Jungen und 38 Mädchen. Die Hälfte der Jungen (50 Prozent) sagte, der Bauchnabel von Mädchen interessiert sie überhaupt nicht. 15 Jungen (32,6 Prozent) behaupteten, sie finden die kurzen Oberteile schön, aber sie könnten trotzdem noch im Unterricht aufpassen. Sieben der Jungen (15,2 Prozent) hassen alle Mädchen sowieso, egal wie sie angezogen sind. Nur ein Junge (2,2 Prozent) gab zu, dass er sich verliebt hat. Aber schon im Winter, und da trug das Mädchen noch einen langen Pullover.
Mit freundlichen Grüßen

Karla, Annabell und Lena

Der Bauchnabel, der frech unter den kurzen Oberteilen der Mädchen hervorlugt, war 1935 zum ersten Mal in der Öffentlichkeit zu sehen. Damals führte ein Mannequin den ersten zweiteiligen Badeanzug vor. Alle Zeitungen berichteten über das aufsehenerregende Kleidungsstück. Ähnlich viel Entrüstung hatte einige Jahrzehnte zuvor schon einmal ein Badekostüm ausgelöst. 1890 gingen die ersten Frauen mit Badeanzügen ins Wasser, deren Hosenbeine bereits auf der Höhe der Waden endeten.

Das Baden im Freien wurde von den Manierenlehrern schon immer mit sehr viel Argwohn betrachtet, denn dabei konnte mehr vom Körper sichtbar werden als es das gute Benehmen zuließ.

In einer Schulverordnung von 1734 warnten die Lehrer ihre Schüler »vor dem so gemeinen als höchst gefährlichen und ärgerlichen Baden« und drohten den Übeltätern mit strengen Strafen.

»Wage dich nie ohne Aufsicht eines verständigen Mannes zum Baden ins Wasser, denn es hat keine Balken, und die besten Schwimmer ersaufen am ersten«, sorgte sich 1792 ein Manierenlehrer. Wir nehmen an, dass ihn neben der Gefahr auch die fehlende Bekleidung verunsicherte. Da Badehosen und Badeanzüge noch nicht erfunden waren, badeten die Leute, die sich ins Wasser trauten, entweder im Hemd oder ganz nackt. Sofern sie sich erwischen ließen, mussten die unbekleideten Schwimmer mit einer saftigen Geldstrafe rechnen. »Jeder Badende muss bei zwei Taler Strafe eine Schwimmhose oder ein Tuch zur Bedeckung der Schamteile anhaben«, hieß es 1832 für das Baden im Neckar.

Lieber Johann,
Fatma aus unserer Klasse hat so strenge Eltern, dass sie nicht zur Klassenfahrt mitdarf, weil wir da auch ins Schwimmbad gehen. Sie traut sich nicht mal zu fragen. Kann man den Vater nicht einfach zwingen? Schau doch bitte mal in Deine Juristenbücher.
Deine Karla

Es konnte aber auch schlecht ausgehen, wenn man es allzu genau nahm mit der Schamhaftigkeit. Ein Anstandsbuch von 1911 berichtet von zwei jungen Mädchen, die in ihrem Boot an einem Ertrinkenden vorbeifuhren. Weil der splitternackt war, hatten sie verlegen zur Seite geschaut und dem armen Kerl nicht geholfen. Das hielt selbst der strenge Anstandsratgeber für »übertriebene Rücksicht auf die Höflichkeitsformen«.

Um 1900 waren in den Strandbädern die Zugänge zum Wasser durch Bretterzäune nach Geschlechtern getrennt. »Wir können es nicht verstehen, wie Damen es fertig bringen, sich im Badeanzuge vor Herrenaugen sehen zu lassen«, entrüstete sich 1908 der Verfasser des Buchs »Der gute Ton« und forderte: »Damen gehören in ein abgeschlossenes

Bassin, wo sie nur von ihresgleichen beobachtet werden können.«

Sehr viel zu beobachten gab es freilich nicht. Im 19. Jahrhundert badeten die wenigen Frauen, die sich überhaupt zu so gewagten Unternehmungen hinreißen ließen, in fußbodenlangen Hemden, die sich beim Gang ins Wasser zu Ballons aufblähten. Oder sie trugen Anzüge, die bis zu den Knöcheln reichten. Eingenähte Fischbeinverstärkungen verhinderten, dass sich diese Badebekleidung im nassen Zustand so an den Körper anschmiegen konnte, dass man Busen und Beine hätte ahnen können. Manche Anzüge waren aus dicker Wolle. Sie saugten kiloweise Wasser auf und wurden beim Baden schwer wie Blei. Der 1899 geborene Schriftsteller Erich Kästner erinnert sich an die Badebekleidungen, die seine Mutter anhatte, wenn sie zum Schwimmen ging: »Sie glichen Kartoffelsäcken aus Leinen, nur dass sie bunt waren und lange Hosenbeine hatten. Und statt eng anliegender Badehauben trug die Damenwelt aufgeplusterte Kochmützen aus rotem Gummi. Es war ein Anblick zum Steinerweichen.« Inzwischen sind an den Stränden, sogar in vielen städtischen Badeanstalten, Badebekleidungen möglich, über deren geringen Stoffverbrauch sich Erich Kästner wahrscheinlich gewundert hätte.

Noch nie zuvor in der Geschichte, ausgenommen in der Steinzeit, war es erlaubt, in aller Öffentlichkeit weniger anzuziehen als heute. Noch zu keiner Zeit war – in Quadratzentimetern gerechnet – so viel nackte Haut mit Anstand und guten Manieren zu vereinbaren. Wir können im Sommer mit sehr viel weniger Kleidungsstücken am Leib auf der Straße herumgehen als unsere Urgroßeltern an Unter-

Liebe Karla,
die gesetzliche Schulpflicht bezieht sich nicht auf die Ausflüge. Wer nicht mitgeht, muss in die Parallelklasse zum Unterricht. Warst Du denn schon mal bei Fatma zu Hause? Kennst Du ihren Vater überhaupt?
Dein Patenonkel Johann

wäsche trugen. Allerdings waren deren Unterhosen und Unterhemden nicht gerade klein.

Erstaunlicherweise sind die Gründe, warum man sich früher verhüllte und heute entblößt, ganz ähnlich. In beiden Fällen, damals wie heute, geht es um das gesellschaftliche Ansehen, aber auch darum, wie man sich Schönheit und Gesundheit vorstellte. In den Büchern der Manierenlehrer finden wir diese Vorstellungen dann als Benimmregeln.

Die Mengen von Gewändern, mit denen die elegante Gesellschaft ihre Wohlanständigkeit präsentierte, konnte sich nicht jeder leisten. »Anstand kostet«, hatten einst die Familienväter gestöhnt, die ihre Frauen und Töchter für alle Gelegenheiten passend ausstaffieren mussten. Die Damen steckten von Kopf bis Fuß und bis zu den Fingerspitzen in Schichten von Kleidern. Unbedeckte Frauenarme und -schultern ertrug man nur im Kerzenschimmer eleganter Abendveranstaltungen.

Im grellen Tageslicht dagegen zeigten nackte Arme, bloße Füße und von der Sonne verbrannte Haut nichts als Mangel. Jeder dachte dabei an Armut und an die Gefahr zu verwahrlosen. Nur Gassenkinder und Bauersleute hatten im Sommer eine kräftige Gesichtsfarbe. Der bleiche Teint (Gesichtshaut) einer feinen Dame oder eines vornehmen Herrn machte unmissverständlich klar, dass man mit dem angeblich ungehobelten Bauernvolk und seiner dreckigen Arbeit nichts zu tun hatte. Sonnenbräune war vor hundert Jahren kein Zeichen von feiner Lebensart. Unter dem Schutz von Hüten, Schirmen und dünnen Handschuhen hielten die Damen ihre Haut marzipanweiß. »Der gute Ton« riet 1905 allen Frauen, die gerade ein öffentliches Wannenbad besucht hatten, sie sollten auf

MODISCH BRAUN

1923 schickte die französische Modeschöpferin Coco Chanel (1883–1971) ihre Models zum ersten Mal sonnengebräunt auf den Laufsteg. Von da an war das neue Schönheitsideal nicht mehr aufzuhalten.

dem Nachhauseweg die Sonne meiden, weil »die feuchte Haut an Gesicht und Händen leicht rau wird oder sich bräunt«.

Heute haben die meisten Leute ein anderes Verhältnis zu ihrer Haut. Sie schützen sich nicht mehr vor den Einflüssen von Luft und Licht, sondern setzen von den ungefähr zwei Quadratmetern Haut, die den menschlichen Körper umgeben, möglichst viel möglichst lange unbekleidet der Sonne aus. »Heidi«, die berühmte Romanfigur, die Johanna Spyri 1880 erfand, war eine Pionierin der Bräune. Die Geschichte von dem Alpenmädchen aus dem Schweizer Engadin half mit, sonnengebräunte Haut zu einem Zeichen für natürliche Schönheit zu machen. Bleich ist die kranke Freundin Klara aus der Großstadt Frankfurt, und bleich sind heute diejenigen, die durch ihre Berufe in Bürogebäuden, Kaufhäusern, Schulen und Betrieben festsitzen. Eine bronzefarbene Haut bekommt man nur im Urlaub und in der Freizeit. Die Rechnung scheint einfach: Wer immer zart sonnengebräunt aussieht, lebt im Wohlstand. Zu dunkel sollte man allerdings auch nicht sein. Brathähnchenbräune gilt als geschmacklos. Außerdem weiß man inzwischen, dass zu viele Sonnenstrahlen sehr schädlich für die Haut sind.

Der Aufwand, der mit Sonnenstudios, Urlaubsreisen und Kosmetik für eine attraktive Bräune betrieben wird, steht dem der weiß geschminkten Adeligen im 18. Jahrhundert wahrscheinlich in nichts nach. Nicht einmal Annabell, die davon träumt, eine vornehme Gräfin zu sein, würde gern auf ihre Sonnenbäder verzichten. Solange die braune Haut außerdem jugendlich glatt ist, hält man sie für den kostbarsten Schmuck des Menschen. Vielleicht gerade, weil sie so ein vergängliches Gut ist, führen die Leute sie vor wie früher ein kostbares Gewand.

Ist ein Dresscode modern?

»Kleidet sich jemand unter oder über seinem Stande, so macht er sich leicht lächerlich«, behauptete der Autor des Ratgebers »Der gute Ton von heute« 1957 unerschütterlich. Dabei hatten seit den Tagen der alten Ständegesellschaft große Revolutionen und Weltkriege stattgefunden, und demokratische Verfassungen sicherten inzwischen allen Menschen gleiche Rechte zu. Recht hatte er allerdings, wenn er die Kleidung noch immer als eine Art von gesellschaftlichem Abzeichen betrachtete.

KEINE CHANCE IM KAFTAN

Antoine de Saint-Exupéry schrieb 1943 die Geschichte des kleinen Prinzen, der von dem Asteroiden B 612 stammt. In dieser Geschichte stellt ein türkischer Astronom den besagten Asteroiden auf einem internationalen Kongress vor. Weil er jedoch typisch orientalische Kleidungsstücke, Kaftan und Fez, trägt, beachtet ihn niemand. Keiner hört ihm zu. Später hält er seinen Vortrag noch einmal. Diesmal hat er einen eleganten, europäischen Anzug an, und alle geben ihm recht.

Moderne Stilberater sprechen nicht mehr von »standesgemäßer« Kleidung. Um die heutigen Kleiderregeln zu beschreiben, benutzen sie den englischen Begriff »Dresscode«.

Hallo, kleine Schwester,
David und ich wollten essen gehen. Glaubst Du, Dave wäre ohne Krawatte und Jackett in das Restaurant reingekommen? Der Kellner am Eingang hat uns angeschaut, als ob wir dreckig wären. Am Ende sind wir in einem Hamburger-Laden gelandet, sonst wären wir vor lauter »Dresscode« noch verhungert. Selbst da stand noch »no shoes, no shirt, no service« an der Eingangstüre.
Liebe Grüße von Sarah

Nach Meinung der Benimmlehrer kann am gesellschaftlichen Leben nur teilnehmen, wer über die passenden Kleidungsstücke verfügt. »Wenn ein schwarzer Anzug vorgeschrieben ist und man nur einen grauen hat, muss man eben wegbleiben«, bemerkte einer 1957 trocken. Für große Empfänge, Bälle und exklusive Dinnereinladungen schlägt ein 2000 erschienenes Manierenbuch eine »prächtige, eventuell lange Robe und üppig Schmuck« vor. Wenn auf der Einladung »White tie« (weiße Schleife) vermerkt ist, weiß der eingeweihte Dresscode-Kenner, dass dazu ein Frack gehört. »Black tie« bedeutet, dass ein Smoking erlaubt ist. Häufig ist der moderne Dresscode weniger eine Manieren- als eine Einkommensfrage. Die meisten Menschen haben weder eine lange Robe noch einen Frack im Schrank, weil beide sehr teuer sind. Aber nur die Wenigsten dürften zu einer Veranstaltung eingeladen werden, bei der diese Kleidungsstücke vorgeschrieben sind. Falls man doch ganz überraschend den Nobelpreis verliehen bekommt oder von der Königin zur Geburtstagsparty eingeladen wird, kann man sich einen Frack notfalls auch leihen.

In Amerika gibt es in vielen Städten die Organisation »Dress for Success« (Kleider für den Erfolg). Sie schenkt bedürftigen Frauen gute gebrauchte Kleidung für das erste Bewerbungsgespräch, damit der überzeugende Eindruck nicht unter der Ärmlichkeit ihrer Kleidung leidet.

Viele Arbeitgeber, gleich ob in Banken oder Anwaltskanzleien, in Kleidergeschäften oder Versicherungen, verlangen von ihren Mitarbeitern gepflegte Kleidung. Schließlich sollen sie mit ihrer Erscheinung in der Öffentlichkeit das gute Ansehen der Firma vertreten.

Zu einem Bewerbungsgespräch traut sich kaum jemand in Jeans und Pulli. Nur die Superguten mit den Einser-Zeugnissen, die genau wissen, dass der Betrieb sie um alles in der Welt haben will, könnten sich so einen lockeren Auftritt leisten. Aber wahrscheinlich tun sie es nicht. In solchen Situationen lebt in Kleidung, Haltung und Gestik vieles von dem wieder auf, was früher zu den Regeln eines Anstandsbesuches gehörte.

Hi Karla,
heute haben wir in der Schule Bewerbungsgespräche geübt. Fred hatte sich dafür einen Konfirmationsanzug ausgeliehen. Mit Krawatte. Ich habe meinen Augen nicht getraut. Er sah einfach super aus, richtig seriös.

Gruß von Annabell

Du bist ja leicht zu beeindrucken. Es ist doch bloß Fred. Wenn er nächstes Mal mit einer Krone auf dem Kopf ankommt, machst Du dann vielleicht einen Hofknicks vor ihm?

Bis morgen, Karla

Anders als im 19. Jahrhundert betrifft der Dresscode heutzutage berufstätige Männer und Frauen gleichermaßen, doch die Sprache der Kleidung funktioniert noch immer nach dem altbekannten Anstandsmuster von 1833: »Man ist gewohnt, vom Äußeren des Menschen auf das Innere zu schließen.« Nur im korrekten Dreiteiler, wie man den Herrenanzug mit Weste nennt, glaubt sich ein Geschäftsmann für seine Kunden vertrauenswürdig genug gekleidet. Vom klassischen Kostüm erwartet eine erfolgreiche Dame dieselbe Wirkung.

Als die englische Königin 2007 die Vereinigten Staaten von Amerika besuchte, verlangte der Präsident von allen Männern, dass sie zum Bankett im Frack mit weißer Fliege erschienen.

Über den Dresscode lassen auch die modernsten Stilberater nicht mit sich diskutieren. Ihre Regeln sind so fest und unerbittlich wie einst bei der höfischen Etikette: »Legen Sie unter keinen Umständen das Jackett ab«. Ein »aufgeknöpftes Hemd« ist auch bei hohen Temperauren »tabu«, Sandalen und Shorts dürfen im Büro »auf keinen Fall« getragen werden, eine Dame geht »nie« strumpflos, Spagetti-Tops sind »indiskutabel«, bauchfrei im Büro »geht nicht, egal wie der Bauch aussieht«. Solche Entscheidungen traf man im Berliner Institut für Stil und Etikette im heißen Juli 2006 und wiederholte damit genau die alte Anstandsgleichung von Innen und Außen: Wer nicht geschniegelt ins Büro kommt, gibt sich wahrscheinlich auch bei der Arbeit nicht viel Mühe und wird es nicht weit bringen. Eine kurze Hose wäre für die Etikettefachleute die passende Kleidung für eine kurze Karriere.

Warum konnte Waschen lebensgefährlich werden?

Waschen und Baden waren früher kritische Angelegenheiten und zwar in doppelter Hinsicht. Darum ist dieses Kapitel auch fast zweimal so lang wie die anderen. Erstens misstraute man dem Wasser ganz allgemein und fürchtete, dass es vielleicht Krankheiten verursachte. Zweitens war man beim Waschen unbekleidet, was womöglich schamlose Fantasien wachrief. Um beiden Gefahren zu entgehen, ließ man es lange Zeit ganz bleiben und zog lieber ein frisches Hemd an.

Immer wieder samstags

Das Leben im Mittelalter wird oft als besonders rückständig dargestellt. Selbst unter den Rittern und Edelleuten konnten nur die wenigsten lesen, die Häuser waren düster und nicht besonders sauber, und die Manieren waren – wie wir inzwischen wissen – noch nicht besonders fein. Was allerdings die Badekultur angeht, war man den späteren Jahrhunderten weit voraus.

Die Kreuzritter hatten nämlich von ihren Kriegszügen im Orient die Idee der Badehäuser mitgebracht, die es dann selbst in Dörfern gegeben haben soll. Wenn das Wasser in den Bottichen erhitzt war, ging ein Ausrufer mit einer Schelle durch den Ort und die Leute rannten – meistens nur ziemlich luftig bekleidet – dem Badehaus zu. Am Samstag schlossen die Handwerker ihre Werkstätten eine Stunde früher. Alle gingen baden, um am Sonntag sauber zu sein. Vor allem vor hohen Festtagen wurde regelmäßig gebadet.

Die Badehäuser waren sehr gesellige Orte. In den großen Zubern hatten mehrere Personen Platz, und man konnte beim Waschen den neuesten Klatsch austauschen. Als besonderen Service bot der Bader Haareschneiden und Zähneziehen an, und er verstand sich auf den Aderlass und das Schröpfen, die als Heilmethoden hoch im Kurs standen.

Meistens badeten Männer und Frauen getrennt, doch gab es auch berüchtigte Badebordelle. Wenn man auf alten Bildern Männer und Frauen gemeinsam in einer großen Wanne sitzen sieht, denen Essen serviert und Musik vorgespielt wird, kann man ziemlich sicher sein, dass es nicht nur um die Reinlichkeit ging.

Die Kirche war gar nicht begeistert vom häufigen Baden. Für sie waren alle Badehäuser unsittliche Orte. Mönchen und Nonnen durften daher nur selten ein Bad nehmen.

Als im 16. Jahrhundert unter den Badehausgästen besonders viele an der Syphilis erkrankten, bekamen die öffentlichen Badehäuser endgültig einen schlechten Ruf. Von nun an warnten auch die Ärzte dringend vor dem Baden. Syphilis wird meist beim Geschlechtsverkehr übertragen, aber sie verbreitete sich damals auch über die unsauberen Schröpfgläser, die der Bader in den Badehäusern benutzte. Dass mit den schmutzigen Gläsern auch die todbringenden Erreger von Rücken zu Rücken wanderten, ahnten die Ärzte noch nicht. Sie hatten den Verdacht, dass die Krankheit über den Wasserdampf direkt in die Haut eindrang. Vor dreihundert Jahren wusste niemand etwas von den mikroskopisch kleinen Bakterien und Viren, die im Wasser schwimmen und die tatsächlich Krankheiten auslösen können.

Die Mediziner machten sich vor allem Sorgen um die innere Reinigung des Körpers. Nachdem sie in ihrer medizinischen Praxis lange genug beobachtet hatten, was über die Nahrung in den menschlichen Körper hineingelangt und als Speichel, Schweiß, Kot, Urin und Darmwinde wieder herauskommt, kamen sie zu der Erkenntnis, der Mensch sei wie ein Sack voll stinkendem Dreck. Mit so viel Abfall im Leib fange der Mensch an binnen kurzem innerlich zu verfaulen. Um das zu verhindern, müsse man sich vor allem von innen sauber halten.

SCHRÖPFEN

Beim Schröpfen werden Glasglocken über Feuer heiß gemacht. Man setzt sie auf die Rückenhaut eines Kranken, die zuvor angeritzt wurde. Der Unterdruck in den Glocken saugt die Haut hoch, und ein wenig Blut gelangt in die Schröpfköpfe. Auf diese Weise glaubte man, Krankheiten aus dem Körper zu ziehen.

Eines ihrer wichtigsten Themen wurde die Verdauung, und die meisten Therapien zielten auf eine häufige und regelmäßige Entleerung des Darmes. Die Ärzte verordneten Brech- und Abführmittel in Mengen, als wären es Halsbonbons. Verstopfung fanden sie besonders riskant, denn dann drohte dem Patienten durch die verrottenden Stoffe im Leib jeden Augenblick eine lebensgefährliche Vergiftung. Zur Vorbeugung setzten sie das Klistier ein. Das war eine Art Riesenspritze, mit der sie Flüssigkeit in den Darm füllten, um die Verdauung anzuregen. Der französische König Ludwig XIV., über dessen Intimleben man alles im Tagebuch seines Leibarztes nachlesen kann, musste in seinem Leben über 2000 solcher Einläufe erdulden. Bei jeder kleinen Unpässlichkeit wurde ihm ein Klistier verordnet, denn die Ärzte wollten unter keinen Umständen irgendetwas Faulendes in seinem königlichen Körper zurücklassen.

DIE SITZUNG

Ludwig XIV. schwatzte – angeblich ohne auch nur einmal seine würdige Haltung zu verlieren – lange und unbefangen mit seinem Kammerdiener, während er auf seinem Nachtstuhl saß. Es wird von Adeligen berichtet, die während ihrer Sitzung aßen, Karten spielten und Besucher empfingen.

Es gab Manierenbücher, die vorschlugen, jeden Tag mit einer Darmentleerung zu beginnen und ihn auch genauso enden zu lassen. An einer reibungslosen Verdauung hingen nach dem damaligen Verständnis die Gesundheit, das Wohlbehagen und das Gefühl der Reinlichkeit. »Der Hauptpunkt im Leben ist doch nur: frei, leicht, angenehm, häufig, alle Abende auf den Nachtstuhl zu gehen«, erklärte der Philosoph Denis Diderot (1713–1784).

Nachtstuhl und Stuhlgang

Allerdings waren nicht einmal in den Königsschlössern ausreichend Latrinen für die vielen Höflinge eingebaut. Jeden Monat zog Ludwig XIV. in ein anderes Schloss um, damit das vorher bewohnte wieder sauber gemacht werden konnte. Auf großen Festen gab es Diener, die den Gästen diskret Nachttöpfe zum Pinkeln anboten.

Wenn der Jesuitenpater Louis Bourdaloue einen seiner endlos langen Gottesdienste hielt, nahmen die Damen in ihrem Muff versteckt einen schmalen Pisspott mit, den sie unter ihren vielen Röcken unauffällig benutzen konnten. Nachttöpfe waren in der vornehmen Gesellschaft begehrt und wurden als schön bemalte und verzierte Geschenke überreicht.

Wer etwas auf Eleganz, Hygiene und gutes Benehmen hielt, besaß einen eigenen Nachtstuhl. Der Gang dorthin war der »Stuhlgang«, ein Wort, das die Mediziner bis heute verwenden, wenn sie sich nach der Verdauung ihrer Patienten erkundigen.

Die Nachtstühle waren raffinierte Kunstwerke der Möbeltischler. Man sah ihnen nicht gleich an, dass unter ihren Sitzflächen ein Becken aus Porzellan oder Silber verborgen war. Manchen war sogar ein Beistelltischchen angefügt, damit den Sitzenden nicht langweilig wurde, während sie »ihr Geschäft« verrichteten. Es gab sie auch in Hockerform und als Bücherstapel getarnt. Damit jeder wusste, was gemeint war, trug das oberste »Buch« den Titel »Reise in die Niederlande«. Wenn man den Buchdeckel aufklappte, war darunter der Topf.

Die Ausscheidungsvorgänge waren wichtig und für die Anstandserzieher noch kein Thema, über das man ungern redete. Man nannte die Dinge ohne große Scheu beim Namen. Weil es nicht ungewöhnlich war, dass man unterwegs jemandem begegnete, der sich gerade erleichterte, brachte Erasmus von Rotterdam seinen Schülern bei, wie man sich in einer solchen Situation angemessen

SITZ IM LEBEN

In der Antike ging man gern gemeinsam aufs Klo. Die Latrinen der Römer hatten viele Sitze nebeneinander, und manche waren halbrund gebaut, damit man sich besser unterhalten konnte. Oft ging es dabei ums Geld. Daher kommt der Ausdruck »ein Geschäft machen«. In der Rinne unter den Sitzen floss ständig Wasser, damit kein übler Geruch entstand.

verhielt. Sie sollten sich auf keinen Fall mit einem höflichen Gruß an Personen wenden, die gerade »ihre Notdurft verrichteten« und sie dadurch in Verlegenheit bringen. So nahm er der Situation für alle Beteiligten die Peinlichkeit. Gegen das Pinkeln und Kacken im Freien hatte er weder etwas einzuwenden noch konnte er sich eine Alternative vorstellen. Es gab auch keine. Der Gelehrte wünschte sich lediglich ein etwas unauffälligeres Benehmen.

In einem Benimmbuch von 1648 gibt es eine Mahnung, die ahnen lässt, dass es mit der Zurückhaltung noch nicht sehr weit her war. »Wenn ihr euren natürlichen Bedürfnissen nachkommt, tut das nicht in Gegenwart anderer«. Nicht einmal im Schloss Versailles war es selbstverständlich, dass man sich jedes Mal aus der Gesellschaft entfernte, wenn einen die »natürlichen Bedürfnisse« überkamen. Die Herzogin von Orléans schrieb in einem ihrer Briefe empört, überall im Schloss treffe sie auf Höflinge, die gerade eine Ecke oder den Platz unter den Treppen für ihre Notdurft missbrauchten. Sogar sie selbst sei bisweilen dazu gezwungen, »es« vor aller Augen zu tun.

»Pisse nicht wie die Hunde an jede Wand«, schrieb ein Anstandslehrer 1792 in einer Anleitung für seine jungen Schüler. Er hatte die Kinder wahrscheinlich oft genug bei dieser Gewohnheit beobachtet. Wie alles, was an das Verhalten von Tieren erinnerte, gefiel es ihm gar nicht. Weil er ebenso gut wusste, dass es fern von daheim kaum andere Möglichkeiten gab, schränkte er sein Verbot ein. Wenigstens die Wände von Kirchen, Schulen und öffentlichen Gebäuden sollten sie verschonen. »Pissoirs«, wie man die öffentlichen Bedürfnisanstalten nannte, gab es erst im 19. Jahrhundert und nur in den Städten.

PARIS STINKT

1694 schreibt die Herzogin von Orléans in einem Brief: »Der Gestank des Drecks ist furchtbar. Paris ist ein entsetzlicher Ort. Die Straßen stinken dort so schlimm, dass man es nicht aushalten kann. Die extreme Hitze lässt dort viel Fleisch und Fisch verderben und dies, verbunden mit den Menschenmassen in den Straßen, verursacht einen so abscheulichen Geruch, dass es kein Mittel gibt, ihn zu ertragen.«

Warum war Wasser nicht zum Waschen da?

Die Verdauungsprodukte aus den Menschen- und Tierleibern landeten wie aller übrige Unrat auf den Misthaufen und in den Jauchegruben. 1792 erklärte ein Benimmbuch den Kindern, dass sie – schon um die Nachbarn nicht zu verärgern – ihren Nachttopf nicht einfach zum Fenster hinaus auf die Gasse entleeren, sondern lieber direkt auf den Mist schütten sollten. Von dort floss die stinkende Brühe den Rinnstein entlang und gelangte in die Bäche, Teiche und Seen. Gestank und Dreck in den großen Städten müssen enorm gewesen sein.

Von einem unterirdischen Kanalsystem für das Abwasser, wie es die Römer schon in der Antike

4711

1792 entstand das Grundrezept des Parfümklassikers 4711. Es heißt so nach der Hausnummer der Drogerie, die es herstellte, in der Glockengasse in Köln. Das Rezept für »Kölnisch Wasser« enthält den Duft von Orangenblüten, Lavendel, Rosenessenz und Sandelholz. Weil man es für heilsam hielt, rieb man sich nicht nur damit ein, man trank es sogar.

gekannt hatten, war man weit entfernt. Die meisten Gewässer in der Nähe von menschlichen Siedlungen stanken zum Himmel. Trotzdem hatten die Leute keine andere Wahl, als sich ihr Wasser manchmal auch aus zweifelhaften Quellen zu holen.

Die Ärzte misstrauten dem Wasser ganz allgemein. Sie sahen, wie schnell sich im stehenden Wasser stinkende Fäulnis entwickelte. Die übelriechenden Dämpfe, die aus den offenen Wassergruben aufstiegen, nannten sie »Miasmen«. Für sie stand fest, dass sich ansteckende Krankheiten entweder über den direkten Kontakt mit Wasser oder über den Wind, der diese Miasmen überallhin trug, verbreiteten. Tatsächlich waren es oft die dreckigsten und miefigsten Stadtteile, in denen tödliche Seuchen wie Pest und Cholera besonders wüteten.

Wasser war verdächtig, selbst wenn es klar und durchsichtig aussah. Wenn es überdies unangenehm roch, witterten die Leute im 18. Jahrhundert höchste Gefahr für Leib und Leben. Vor schlechten Gerüchen konnte man sich nicht genug in Acht nehmen. Wer es sich leisten konnte, setzte als Gegenmittel gute Düfte ein. Was gut roch, musste auch gesund sein. Um die Miasmen abzuhalten, wurden die Häuser mit brennendem Wacholderkraut ausgeräuchert. Die Kleider, Taschentücher, Fächer und Perücken besprengte man mit Parfüm. Aus Sorge, dass krankmachende Dämpfe womöglich über den Mund und die Nase in den Leib eindringen könnten, pressten die Leute Taschentücher vor das Gesicht, sobald sie irgendwo Gestank wahrnahmen.

Auch das Tabakschnupfen war eine Möglichkeit, sich gegen die schlimmen Gerüche zu wappnen. Wer viel schnupfte, verlor nämlich nach einiger Zeit die Fähigkeit, Gerüche überhaupt wahrzunehmen, und fühlte sich in Sicherheit.

Hallo Fred,
weißt du, dass man mit Furzen einen Jet zur Landung zwingen kann? Eine Amerikanerin hat im Flugzeug Streichhölzer abgebrannt, weil ihr der Gestank ihrer Winde so peinlich war. Wegen des unerklärlichen Brandgeruchs ging der Pilot in Nashville/Tennessee runter. Die Frau durfte nicht wieder einsteigen. Das stand heute in der Zeitung. Ist das was für dich?

Karla

Hallo Karla,
ich habe auch eine Flugzeug-Geschichte. In der Zeitung stand, dass ein Mann nicht von Honolulu zurück nach Düsseldorf fliegen durfte, weil er zu stark nach Schweiß roch. Seine Sitznachbarin hatte sich beschwert. Die Airline sagt, sie befördert keine Menschen mit extremem Körpergeruch, und hat ihm nicht mal das Fluggeld zurückgegeben. Ich finde, das geht zu weit. Wahrscheinlich war das so eine veilchenduftende Tussi. Echte Männer (wie ich) stinken nun mal.

Fred

Die Haut hat Löcher oder was ein Hemd alles kann

Nicht weil ihnen der Dreck nichts ausmachte, scheuten sich die Leute vor dem gewöhnlichen Wasser. Im Gegenteil, es war gerade die übertriebene Sorge um die Reinheit und Gesundheit des Körpers, die sie vom Waschen abhielt.

Die Menschen waren überzeugt, dass die Krankheiten, die sie in der Luft und im Wasser vermuteten, nicht allein durch Nase und Mund, sondern durch jede einzelne Pore der Haut ins Innere des Körpers sickern könnten. Dass die Haut nicht dicht war, zeigte ihnen ja das Schwitzen. Die Poren dachte man sich als sehr kleine Löcher. Durch sie flossen die »üblen Ausdünstungen«, wie man den Schweiß nannte, aus dem Körper hinaus. Gleichzeitig fürchtete man, dass durch eben diese kleinen Löcher faulige Flüssigkeiten oder gefährliche Gerüche ebenso gut nach innen dringen könnten. Es überrascht nicht, dass Ärzte deshalb davon abrieten, in die Badehäuser zu gehen. Der heiße Dampf, so glaubten sie, mache die Poren der Haut besonders durchlässig.

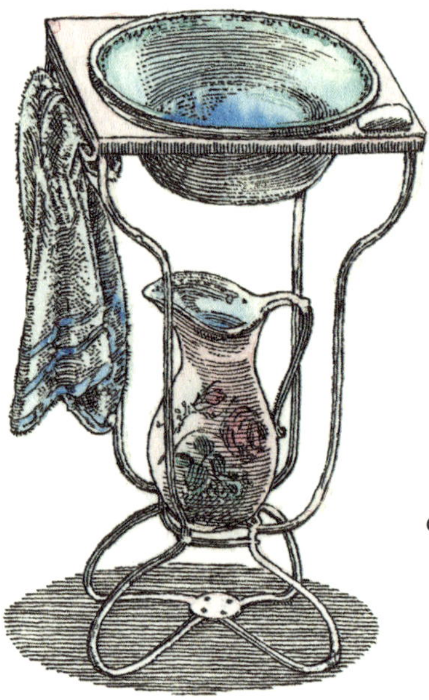

Ludwig XIII. von Frankreich (1601–1643) wurde als kleines Kind überhaupt nicht mit Wasser gewaschen. Man rieb sein Gesicht mit Butter und Mandelöl sauber. Mit einem Jahr wurde er zum ersten Mal gekämmt, mit fünf Jahren wusch man seine Beine, und mit sieben saß er zum ersten Mal in einer Badewanne. Die Waschschüsseln im 17. und 18. Jahrhundert waren winzig und enthielten statt klarem Wasser kostbare parfümierte Essenzen. Mit solchen veredelten Wässerchen rieben sich die vornehmen Leute die wenigen Hautbezirke ab, die nicht von Kleidung bedeckt waren.

Die wasserfreie Trockenreinigung des Körpers von innen und außen war umständlich und kostspielig. Beim Saubermachen von innen half man vorsorglich und regelmäßig mit Abführmitteln nach. Beim Kampf gegen den äußeren Schmutz setzte man frische Hemden ein. Mit Waschen hatte beides nichts zu tun.

Das Hemd hatte die Aufgabe, den Schweiß aufzusaugen, denn die Furcht war groß, dass schlecht riechende Nässe womöglich den Rückweg durch die Poren antreten könnte. Wer sich also gepflegt und gesund fühlen wollte, wechselte sein Hemd so oft wie möglich. Der Körper darunter blieb unberührt. Ein wahrhaft sauberer Mensch zeichnete sich dadurch aus, dass er ein sauberes Hemd über einem ungewaschenen Leib trug. Nur wer nicht genügend Hemden zum Wechseln besaß, solle sich stattdessen öfter waschen, riet um 1780 ein dicker Ratgeber, der sich »Vollständiges System der medicinischen Policey« nannte (Polizei hieß damals so viel wie eine Sammlung von Regeln). Nur aus Not griffen die ärmeren Leute öfter zum Waschlappen als die Reichen. Zu warmen Bädern rieten die Ärzte allenfalls, um eine ins Stocken gekommene Verdauung wieder anzuregen.

Ludwig XIV. badete zwischen 1647 und 1711 genau ein Mal, und zwar im Jahr 1665.

Nach innen zur nackten Haut hin schützte das frischgewaschene Hemd also vor dem Krankwerden. Nach außen zeigte das zarte weiße Gebilde mit seinen Spitzen und Bordüren am Kragen und an den Manschetten, wie reinlich und reich man war. Die Wohlhabenden wechselten ihr

Hemd einmal in der Woche, die ganz Reichen sogar jeden Tag. Über Nacht legte man das Hemd zwischen wohlriechende Kissen, damit es wieder gute Düfte tanken konnte.

Von Ludwig XIV. wissen wir, dass er manchmal mehrere Hemden an einem Tag verbrauchte, »weil er stark schwitzte«. Ein französischer Adeliger, der sich etwas auf seine Reinlichkeit zugute hielt, besaß durchschnittlich mindestens dreißig Hemden. Waschtage gab es auch in reichen Häusern nur drei- oder viermal im Jahr, deshalb horteten gesundheits- und manierenbewusste Menschen in ihren Schränken große Vorräte an reiner Wäsche.

Auch die schlichter gekleideten Stadtbürger sorgten mit blütenweißen Hemden für ihre Sauberkeit und Gesundheit.

Die Anstandslehrer sahen es den Leuten gleich am Kragen an, wie viel ihnen ihre Reinlichkeit wert war. »Schmutzige Wäsche fällt einem gleich in die Augen und verekelt den ganzen Anzug«, warnte einer 1792. Der Aufwand für die weißen Hemden war gewaltig. Damit sie immer makellos strahlen konnten, mussten Scharen von Weißzeugnäherinnen, Wasch- und Bügelfrauen arbeiten und bezahlt werden. Das Ergebnis allerdings machte Eindruck: Schneeweiße Krägen und Manschetten seien wie ein Spiegelbild der inneren Reinheit, liest man in den Manierenbüchern. »Vorzüglich sieh auf reine Wäsche, sie lässt gerne auf ein reines Herz und Gemüt schließen und ersetzt leicht kostbare Kleidung«, heißt es 1897. Daneben war ein täglich taufrisches Hemd eine gute Möglichkeit, den Abstand zu jenen zu demonstrieren, die sich solchen weißen Ausputz am Kragen und an den Manschetten nur am Sonntag leisten konnten.

WÄSCHEVORRAT

Um 1900 gehörten zur Aussteuer einer gut ausgestatteten Braut: 36 Taghemden, 12 Nachthemden, 12 Nachtjacken, 30 Beinkleider, 3 Untertaillen, 14 Unterröcke und 24 Paar Strümpfe.

Frauen trugen keine Unterhosen

Auch als das Hemd später versteckt und ohne Ärmel ein unsichtbares Dasein fristete, blieb es wichtig. Das Hemd hatte den engsten Kontakt zum Körper. Männer, Frauen, Kinder, alle trugen unter ihrer Kleidung ein ziemlich langes gewebtes Hemd. Die Männer schlangen den Saum zwischen ihren Beinen wie eine Windel zusammen und benutzten die Hemdzipfel als eine Art Unterhose.

Bei den Frauen war das Hemd die unterste Schicht der Leibwäsche. Sie trugen es noch unter dem engen Korsett. In dem Buch »Der gute Ton« wird 1905 das Hemd »die zehnte Haut des Menschen« genannt, woraus man schließen kann, dass die Frauen vielschichtiger verpackt waren als Zwiebeln. Für den weiblichen Unterkörper unter den vielen langen Röcken dagegen war lange Zeit keine Unterwäsche vorgesehen. Ein Frauenkörper »hat die Natur eines Schwammes«, war 1757 die Meinung der Ärzte. Ständig würden sich überflüssige Feuchtigkeiten daraus ergießen. Sie fürchteten, in Unterhosen würden die armen Frauen immer im Nassen sitzen und bald verfaulen. Nur in den Jahren nach der Französischen Revolution trugen die Frauen Unterhosen, weil damals sehr durchsichtige Kleider modern waren.

Erst um 1900 wurde es in der Damenwelt allgemein üblich, Unterhosen zu tragen. Allerdings war das Gefühl für Anstand inzwischen so empfindlich geworden, dass man das Kleidungsstück umbenennen musste. Eine feine Frau hüllte ihren Unterleib in ein »Beinkleid«, wobei sie auch diesen Ausdruck nicht gerne in den Mund nahm. Einfache Worte wie »Hose« und »Bein« lenkten die Gedanken zu den Körperteilen, die von der Natur für die Verdauung und – was man noch unsagbarer fand – für die Fortpflanzung bestimmt waren. Aus Schamhaftigkeit nannte eine Dame darum ihre Unterhosen, wenn sie überhaupt je davon sprach, die »Unaussprechlichen«. Noch vornehmer war der französische Ausdruck »Les inexpressibles«.

Sie gingen bis weit über das Knie hinab und waren in der Mittelnaht nicht zugenäht. Das hatte einen ganz praktischen Grund. Es war für die Damen schon umständlich genug, wenn sie im »heimlichen Gemach«, wie man das Klo nannte, ihre vielen Röcke raffen mussten. Darunter gleichzeitig noch eine Unterhose herunterzuziehen, wäre in sehr dringenden Fällen wahrscheinlich schief gegangen. Im Schwäbischen sagte man zu diesen Wäschestücken insgeheim »Steh-Brunz-Hosen«, weil sie den Landfrauen das Pinkeln im Stehen erlaubten, ohne dass es groß auffiel.

Kaltes Wasser kräftigt den Körper

Nur ganz allmählich legte sich die Angst vor dem Wasser. Als der Arzt Sigmund Hahn 1738 ein Buch mit dem Titel »Unterricht von der Krafft und Würkung des frischen Wassers« schrieb, fand er für seine neuen Erkenntnisse eine große Leserschaft. Immer wieder musste das Buch nachgedruckt werden. »Wasser hat das Vermögen zu reinigen und ab-

»Reinlichkeit erhält den Leib, zieret Knaben, Mann und Weib«, steht 1788 in einem Sittenbüchlein für Kinder.

zuwaschen«, war darin als überraschende Nachricht zu lesen und, was viele Leute wahrscheinlich noch mehr verblüffte: »Man kann den ganzen Leib gefahrlos ins Wasser tauchen.«

Vorher war es eine landläufige Meinung gewesen, das Waschen des Kopfes sei auch deshalb gefährlich, weil es Schmerzen und Schlaganfälle hervorrufen könne. Sigmund Hahn lehrte nun, Wasser sei gut für die Haut. Ein arbeitender Körper werde ohne regelmäßige Anfeuchtung spröde. Allerdings sollte man nur kurz im Wasser verweilen, ordnete ein Badearzt an, und die Wanne auf keinen Fall mit anderen teilen, um nicht deren abgewaschene Fäulnisstoffe über die Haut aufzunehmen. Man fürchtete noch immer, die Haut könne bei jedem Baden Wasser einsaugen, und zwar »bis zu vier Pfund Wasser«, also zwei Liter.

Auch die Anstandslehrer dachten über die Vorteile des Waschens nach. Vor allem das kalte Wasser, so glaubten sie, sei in der Lage, den Leib kräftig und gesund zu erhalten. »Waschen und baden Sie sich oft mit frischem, kalten Wasser«, forderte ein aufgeschlossener Manierenlehrer 1797. Es reinige ebenso gut, und anders als das warme Wasser mache es die Haut nicht runzlig.

Dabei hatte er nicht die feinen Herrschaften der Fürstenhöfe im Sinn, sondern die fleißigen Familienväter und ihre tüchtigen Frauen, die für ihre Arbeit und Bewegung einen ausdauernden und robusten Körper brauchten. Wer beim Baden und Waschen eiskaltes Wasser ertrug, konnte auch sonst einiges aushalten, so war die Überlegung.

Mit der Stärkung der Widerstandsfähigkeit konnten einige Eltern gar nicht früh genug beginnen. Väter und Mütter, die sich im 18. Jahrhundert für

SEIFE

Duftende Seife war lange Zeit ein Luxusprodukt, das sich nur die Reichen leisten konnten. Ludwig XIV. hatte sich, obwohl er nicht viel vom Waschen hielt, die besten Seifensieder Frankreichs an seinen Hof geholt. Sie verwendeten feine Öle und Parfüme. Für alle anderen Leute war Seife ein abscheulich stinkendes Waschmittel. Sie wurde in vielen Haushalten aus Rindertalg und Pottasche selbst gekocht. Erst als es im 19. Jahrhundert gelang, die Pottasche durch eine chemische Lauge zu ersetzen, konnten neutral riechende Seifen in Massen hergestellt werden.

»Bekämpfen Sie die Weichlichkeit ihres Körpers.« (1797)

besonders fortschrittlich hielten, ließen bei ihren Babys nicht nur die engen Wickelbänder weg. Um ihre Kleinen kräftig zu machen, verwendeten sie beim Baden kaltes Brunnenwasser. Zum Glück waren das große Ausnahmen, und die Kinder überlebten.

Was sich lange Zeit in den Köpfen der Anstandserzieher hielt, war die Hochachtung vor frostigen Wassertemperaturen. Reinlichkeit war damals nichts für Genießer. »Wer sich an die Kälte gewöhnt«, so erklärte ein Anstandserzieher 1894, »trägt sehr zur Stärkung der Haut und der Nerven bei, erhält dem Körper die natürliche Ausdünstung, erkältet sich weniger und härtet sich überhaupt ab.«

Insgesamt war die Reinhaltung des Körpers vor zweihundert Jahren noch sehr umständlich. Sich mit Hilfe von Waschschüsseln und Kannen kalt abzuwaschen, war schon aufwändig genug, ein heißes Bad aber musste man richtig vorbereiten und planen. Wenn Johann Wolfgang Goethe baden wollte, lieh er sich eine Wanne aus, die auf einem Schubkarren in sein Weimarer Haus gebracht wurde.

Die Idee, Wasserleitungen zu jedem einzelnen Haus zu bauen, hielt man 1830 noch für reichlich übertrieben. Mit dem Bau von privaten Badezimmern wurde erst um 1850 begonnen, und nur sehr reiche Leute leisteten sich in ihren Villen solchen Luxus. In den meisten Haushalten fand die Badezeremonie noch bis ins 20. Jahrhundert hinein in der Küche statt. Der Vater als Familienoberhaupt stieg zuerst in den Zuber. Wenn er fertig war, badeten der Reihe nach alle anderen Familienmitglieder im selben Wasser.

Mit der seit 1926 in Massen produzierten »Volksbadewanne« wurde alles leichter. Sie war aus Blech und sah aus wie der untere Teil eines Mumiensarkophages. Man konnte darin ausgestreckt und entspannt liegen. Nach dem Baden stellte man die Wanne einfach in eine Ecke.

Liebe Karla,
ich glaube, in Australien leiden alle unter Waschzwang. Manchmal duscht Dave viermal am Tag. Seine Haut ist schon ganz schuppig, aber er sagt, er fühlt sich nur so wohl. Wahrscheinlich denkt er, ich bin ein Stinktier, weil ich mit einmal Duschen täglich auskomme.
Bin ich eines?

Sarah

Erzähl den Australiern lieber nichts von Fred. Ich glaube, er ist ein Anhänger der sparsamen Katzenwäsche. Allerhöchstens mal ein Bad am Samstagabend. Seine Haut allerdings sieht ganz normal aus.

Karla

Vom Abtritt zum Aprikosenwäscher

Während die Anstandserzieher im 18. Jahrhundert die Kinder dazu anhielten, ihre Körper, die Kleidung und ihre Siebensachen peinlich sauber zu halten, brachten sie ihnen gleichzeitig noch eine Menge anderer Tugenden bei. Beim Waschen und Aufräumen sollten die Kinder Ordnungsliebe, Fleiß und ein Gefühl für Schönheit und Anstand lernen. »Durch Ordnung und Reinlichkeit seid ihr sicher, allezeit und an allen Orten zu gefallen«, lehrte der Schulmeister Christian Felix Weiße (dem schon die Ordnung beim Militär so gefallen hatte). Reinlichkeit war für ihn eine Charakterfrage, denn »eine reine Kinderseele« erkannte er an gewaschener Haut und frischen Kleidern. Wahrscheinlich passten seine Schüler deshalb sehr genau auf sich und ihre Sachen auf. Jedes bisschen Dreck hätte einen Schatten auf ihre Seele werfen können.

»Unreinlichkeit ist der Anfang körperlicher und sittlicher Verwilderung.« (1894)

So hatte die Sauberkeit immer auch eine moralische Seite. Ein blitzblankes Kind zeigte Anstand und gute Erziehung, ein Dreckspatz musste sich schämen und war eine Schande für seine Erzieher.

DAS HEIMLICHE GEMACH

Wenn ein Baulexikon 1855 von einem »Arsch-Spül-Kämmerlein« spricht, so ist das eine derbe sprachliche Ausnahme. Ein Mensch mit Anstand nannte den Abtritt das »heimliche Gemach«, die »Heimlichkeit«, das »Privet«, die »Retirade« oder das »Appartement«. Der Name Toilette kommt von dem Tuch (französisch toile), das als Sichtschutz vor dem Sitzenden aufgehängt wurde, der Begriff »Klosett« von »closed« (abgeschlossen).

Wer so über den äußerlichen Schmutz dachte, für den wurden die Begegnungen mit stinkenden Abfallprodukten aus der Verdauung erst recht kompliziert. Gegen die Unreinlichkeit in den Därmen kann schließlich auch der reinlichste Mensch nichts ausrichten, und aus medizinischen Gründen achtete jeder auf regelmäßige Entleerungen. Doch die Unterhaltungen über die Vorgänge im Körperinneren wurden immer peinlicher und schließlich sogar völlig unmöglich. Im Verlauf des 19. Jahrhunderts verschwanden dann selbst die Bezeichnungen dafür. Es gab nur noch schmutzige Worte für eine

Sache, die man auch als schmutzig empfand. Ein Mensch mit Anstand hüllte sich in Schweigen und brachte die unvermeidlichen Gänge zum Klo jetzt so unauffällig wie möglich hinter sich.

Der Nachtstuhl verlor seine Rolle als elegantes Repräsentationsgerät. Nur noch bei der Krankenpflege konnte man ihn brauchen. Die Leute begaben sich zum »Abtritt«, einem lieblosen Ort der Einsamkeit, der schon wegen des Geruchs in eine abgelegene Ecke des Hauses oder in den Hof verbannt wurde.

Einen Nachttopf gab es allerdings weiterhin im Schlafzimmer. Im Dunkeln und nur mit dem Nachthemd bekleidet scheuten die Leute den weiten Weg zum Klo. Doch als vorzeigbares Geschenk hatte der Topf inzwischen längst ausgespielt. Er versteckte sich schamhaft unter dem Bett oder hinter der Tür des Nachtschränkchens. Manchen Frauen im 19. Jahrhundert war es furchtbar peinlich, wenn man hören konnte, dass sie nachts den Topf benutzten.

Sie häkelten Baumwolldeckchen, die sie auf den Boden des Nachttopfes legten, um das verräterische Plätschern zu dämpfen. 1932 waren einem französischen Anstandslehrer die Geräusche auf der Toilette so zuwider, dass er empfahl, ständig mit dem Toilettenpapier zu rascheln oder ein Radio ins Badezimmer zu stellen, um klanglich »Kunst und Natur zu vermischen«.

Von japanischen Frauen weiß man, dass sie auf dem Klo unablässig die Wasserspülung laufen ließen. So übertönten sie zwar das eigene Geplätscher, verschwendeten aber enorme Wasser-

Hallo Fred,
die Chinesen haben die schlimmsten öffentlichen Klos der Welt, sagt jedenfalls mein Vater. Es gibt keine Türen und nur halbhohe Trennwände. Jeder kann einem zugucken und man muss sein eigenes Papier mitbringen. Falls Du eine Reise nach Peking planst, warte bis nach den Olympischen Spielen. Bis dahin werden 400 neue Toilettenhäuschen gebaut.
Annabell

DER APRIKOSENWÄSCHER

Japan hat im Toilettenbereich weltweit den höchsten technischen Standard erreicht. Der Sitz des vollautomatischen High-Tech-Klos ist angewärmt, ein Warmwasserstrahl (38 Grad Celsius) mit dem bildhaften Namen »Aprikosenwäscher« reinigt den Po und ist nach individuellen Wünschen lenkbar. Ein Warmluftgebläse macht Toilettenpapier überflüssig. Wer möchte, bekommt auf diesem Superklo auch seine Blutzuckerwerte, Puls, Blutdruck und Körperfettanteile mitgeteilt. Manche Modelle verfügen über Armlehnen und Ozon-Desodorierer, andere leuchten im Dunkeln. Solche Toiletten stehen in jedem zweiten japanischen Haushalt und sind damit verbreiteter als der Heimcomputer. Erfunden haben sie übrigens Schweizer.

mengen. Glücklicherweise erfand jemand vor ungefähr 30 Jahren ein Gerät mit dem Namen »Geräuschprinzessin«. Es ist nach der Tochter eines märchenhaften Meereskönigs benannt. Auf Knopfdruck rauscht diese »Prinzessin« wie ein Wasserfall. Seither können sich die Japanerinnen beim Pinkeln endlich entspannen.

Der offene Hosenlatz

Vom Schmutz kommen auch schmutzige Gedanken, glaubten die Anstandslehrer und waren nun mit ihrer Erziehung tief im Inneren der Seele angelangt, bei den Schamgefühlen.

Aus der Beobachtung von kleinen Kindern wissen wir, dass die Scham nicht von allein kommt. Kleine Mädchen und Buben haben zunächst überhaupt kein Problem damit. Sie lieben es, ohne Kleider herumzurennen, sie thronen wie die Könige auf ihren Töpfchen und präsentieren ihr Geschäft wie ein Meisterwerk. Erst die Reaktion der anderen Menschen erzieht sie allmählich zu so viel Schamhaftigkeit, wie gerade üblich ist.

Schamgefühle sind sehr veränderlich. Die barbusigen Afrikanerinnen, die von den ersten christlichen Missionaren zum Tragen von Unterwäsche gezwungen wurden, schämten sich in diesen Kleidungsstücken entsetzlich. Gleichzeitig konnten sie sicher nicht begreifen, warum die Missionarsfrauen in peinliche Aufregung gerieten, nur weil ihre nackten Füße und Knöchel sichtbar wurden.

Von heute aus gesehen ist es nicht einfach, die Schamgefühle der früheren Jahrhunderte zu verstehen. Im Mittelalter gab es eine Zeit, in der es die

Männer schick fanden, ihren Hosenlatz vorne auffällig auszubeulen. Später wäre ein mittelalterlicher Hosenprotz wahrscheinlich wegen Störung der öffentlichen Sittlichkeit ins Gefängnis gekommen. Inzwischen achtete man nämlich darauf, dass die Kleidung nichts mehr von den darunter versteckten Geschlechtsteilen verriet. »Man darf sie nicht einmal erwähnen«, erklärte ein französischer Sittenlehrer um 1700.

Wenn sich ein Mädchenrock ein wenig nach oben geschoben hatte oder ein Hosenschlitz unabsichtlich offen blieb, waren das Gründe für heftige Scham. »Knöpfe deine Beinkleider und Weste ganz zu, der Hosenlatz darf niemals offen stehen«, ordnete 1792 ein Manierenlehrer an. Dabei ging es ihm einerseits darum, dass die Kleider ordentlich waren, weit mehr aber um die verbotenen Gedanken, die eine versehentlich offen stehende Hose auslösen könnte.

WIE GEHT SCHÄMEN?

In jeder Zeit gibt es moralische Wertvorstellungen und Normen, die zu festen Gewohnheiten geworden sind, zum Beispiel, dass es ungehörig sei, sich nackt zu zeigen. Was diesen Normen entspricht, nennt man normal. Ein Gefühl von Scham entsteht dann, wenn man Normen verletzt, die man eigentlich für richtig hält, und wenn man dabei erwischt wird. Scham findet nicht nur im Kopf, sondern immer auch im Körper statt. Er wird heiß vor lauter Missbehagen, und man kann sich kaum noch bewegen. Das Gesicht ist feuerrot. Die Blicke der anderen werden unerträglich, und der Ertappte möchte am liebsten im Erdboden verschwinden.

DIAGNOSEPUPPEN

In orientalischen Ländern erklärten die Frauen dem Arzt noch um die Wende zum 20. Jahrhundert ihre Beschwerden am Beispiel von kleinen Holzfiguren. Aus Scham blieben sie bei der Untersuchung immer vollständig angekleidet.

Hi Karla,
heute kam unser Religionslehrer rein, und sein Reißverschluss war nicht zu. Wir konnten genau sehen, was er für eine Unterhose anhatte. Feinripp in weiß. Uns war es allen peinlich. Wie sagt man einem Lehrer, dass seine Hose offen steht, ohne dass man sich blamiert? Oder ihn?
Gruß, Lena

Schamgefühle, die sich auf das Nacktsein beziehen, haben – wahrscheinlich seit der Zeit der Höhlenmenschen – mit der Sexualität zu tun. In der Bibel sah man von Anfang an einen Zusammenhang zwischen Sexualität und Sünde. In der Geschichte vom Paradies ist es Eva, die trotz Gottes Verbot in Adam die Lust zur Liebe weckt. Gott wirft die Ungehorsamen aus dem Paradies. Als die beiden merken, dass sie nackt sind, hängen sie sich aus Scham Feigenblätter um. Für fromme Gläubige war die Freude an der Sexualität sehr lange Zeit etwas, für das sie sich schämten und schuldig fühlten.

Sägemehl im Badewasser

Die alten Anstandslehrer dachten ähnlich. Aus ihrer Sicht befanden sich hinter dem Hosenlatz und tief versteckt unter den Unterröcken Körperregionen, die nur sündig und schmutzig waren. Man nannte sie »Schamteile«, und ihre Funktionen wurden gehütet wie ein tiefes Geheimnis. Freilich waren sie trotzdem da. Regelmäßig meldeten sie sich bei der Verdauung, beim Waschen und beim Ausziehen, und die Manierenlehrer kamen um Belehrungen nicht herum. »Kinder, ich bitte euch um eurer Glückseligkeit willen, diese Teile ohne Not niemals zu berühren«, warnte und drohte der Lehrer Joachim Campe 1783.

Es kann nicht einfach gewesen sein, beim Waschen die verbotenen Körperbezirke zu meiden und trotzdem sauber zu werden. Die Erzieher kamen in einen verwirrenden Konflikt zwischen Reinlichkeit und Schicklichkeit: Einerseits wollten sie den Kindern mit Wasser und Seife an die blanke Haut, andererseits fanden sie das Nacktsein beim Baden unanständig.

Ihre Lösungsvorschläge waren entsprechend fantasievoll. 1884 steht in einem Ratgeber für junge Mädchen: »Wenn du ein Bad nimmst, so streue etwas Sägemehl auf das Wasser, damit dir der Anblick deiner Scham erspart bleibt.« Es wird berichtet, dass manche Frauen Milch ins Badewasser schütteten, um für sich selbst den Durchblick auf den unbekleideten Körper zu trüben, dass die Mädchen in strengen Pensionaten das Hemd anbehalten mussten, wenn sie badeten, und dass sie ihre Brüste nur im Dunkeln wuschen, um so den Teufel fernzuhalten.

Waschen und Baden sollte kein Vergnügen für den Körper sein. Damit der Seifenlappen und die Bürste garantiert keine angenehmen Gefühle auslösten, neigte man dazu, die Kinder in der Wanne ziemlich unsanft anzufassen. Am liebsten ging man beim Waschen ähnlich unbeteiligt vor wie etwa beim Geschirrspülen. Ein Stück des Körpers nach dem anderen – ausgenommen die verschwiegenen Schamteile – wurde regelmäßig, aber nicht öfter als unbedingt nötig, gewissenhaft geschrubbt. Jungen sollten höchstens einmal in der Woche baden, Mädchen noch viel seltener. Ein Bad pro Monat hielt eine französische Comtesse in einem Anstandsbuch von 1838 für ausreichend.

Hallo Oma,
ich war mit meinen Eltern in der Sauna. Es war so was von glühend heiß, ich bin fast geschmolzen. Zwischendrin sind wir in einem Becken mit eiskaltem Wasser geschwommen. Willst Du nicht mal mitkommen? Der Bademeister sagt, das halten auch Alte aus.

Karla

Liebe Karla,
ob Du es glaubst oder nicht, ich würde niemals in eine gemischte Sauna gehen. Und das nicht nur, weil ich alt und faltig bin. Ich schäme mich einfach ein bisschen. Während meiner Kur im letzten Jahr war ich mit ein paar anderen »alten Schachteln« in der Sauna. Das war etwas anderes. Meine Eltern habe ich übrigens niemals nackt gesehen.

Deine Oma

Sorgen um das Schamgefühl machten sich die frühen Anstandslehrer auch beim An- und Ausziehen. Die meisten Erzieher rieten den Kindern dazu, sich beim Zubettgehen nicht vor den anderen Kindern auszuziehen. »Hüte dich davor, vor den Augen anderer das zu entblößen, was Anstand und Natur bedeckt haben wollen«, wies Erasmus von Rotterdam seine Schüler an. Das kann nicht einfach gewesen sein, denn alleine waren Kinder beim Schlafengehen so gut wie nie. Wahrscheinlich war es das Hemd, das beim Umkleiden den Anstand rettete. Es war in jedem Fall lang genug, um bei allen Bewegungen die kritischen Körperteile zu bedecken. In manchen Internaten wurden den Kindern raffinierte Techniken beigebracht, wie sie das frische Hemd unter das gebrauchte bugsieren konnten. Erst danach legten sie das schmutzige Hemd ab und standen so niemals nackt da.

Doch selbst wenn kein Mensch im gleichen Raum war, so glaubte der empfindsame Gelehrte aus Rotterdam immer die Engel in der Nähe, die es verabscheuten, wenn intime Körperteile aufgedeckt werden. Heute würde man in diesen unsichtbaren Engeln das schlechte Gewissen sehen.

WIE SICH MARY POPPINS ENTKLEIDETE

Die etwas merkwürdige und mit magischen Kräften begabte Kinderfrau aus dem Roman von Pamela Travers (1934) bereitet sich für die Nacht vor: »Inzwischen hatte Mary Poppins eines ihrer Flanellhemden über den Kopf gezogen und begann, sich darunter auszuziehen wie unter einem Zelt.«

Nachthemd und Bett

Es gibt Forscher, die vermuten, dass im Mittelalter die Mehrzahl unserer Vorfahren unter der Bettdecke nackt war. Andere glauben, dass der Anblick des nackten Körpers auch damals Schamgefühle auslöste und dass wer immer es sich leisten konnte in der Nacht ein Hemd anbehielt.

Ein Nürnberger Marktforschungsinstitut fand 2005 heraus, dass jeder achte Deutsche nackt schläft. Die Übrigen haben durchschnittlich neun Garnituren Nachtwäsche.

Spätestens seit 1800 war dann jeder Mann, jede Frau und jedes Kind im Bett von Kopf bis Fuß komplett verhüllt. Die Nachtgewänder reichten bis zum Boden. Unter besonders schamhaften Eheleuten kamen damals sehr eigenartige Nachthemden auf. Sie hatten auf halber Höhe vorne einen Schlitz und waren »für die christliche Fortpflanzung« geeignet. So blieben diese Paare selbst beim Sex vollständig angezogen. Es soll Eheleute gegeben haben, die sich einander in ihrem ganzen Leben nie nackt zeigten.

Den Pyjama (indisch für Beinbekleidung) brachten die Engländer aus ihrer indischen Kolonie mit. Er besteht aus Jackett und Hose und ist doch weich genug zum Schlafen. In diesem Schlafanzug war ein Gentleman auch nachts jederzeit perfekt gekleidet.

Einig sind sich alle Geschichtsforscher, dass einsames Schlafen selten war. Meistens schliefen mehrere Familienmitglieder zusammen in einem Zimmer. Die kleineren Kinder lagen manchmal bei ihren Eltern mit im Bett, die größeren teilten sich ein Lager. Man wärmte sich gegenseitig, denn nicht in allen Zimmern standen Öfen. Nicht selten schliefen die Kinder bei den Kinderfrauen oder den Dienstboten.

Wenn Reisende in einem Wirtshaus übernachteten, kam es noch im 18. Jahrhundert vor, dass sich wildfremde Menschen ein Bett teilen mussten. Der Gelehrte Erasmus von Rotterdam kannte das gemeinsame Schlafen aus dem Kloster und von seinen Reisen. Er wusste, dass er in solchen Herbergen nicht auf eine ungestörte Nachtruhe hoffen durfte.

Liebe Karla,
Dave und ich haben in einer australischen Unterkunft für Rucksacktouristen übernachtet. Zehn Betten in einem Raum. Wir waren mit total netten Typen zusammen. Aber Du glaubst nicht, wie manche Leute schnarchen können. Einer hat sogar im Traum gesungen. Ich bin todmüde.
Deine Sarah

Es konnte sein, dass der Bettgenosse ein großer Schnarcher war oder dass er im Traum um sich schlug und mit den Füßen trat. Erasmus hielt seine Schüler dazu an, so ruhig wie möglich zu liegen. Vor allem sollten sie aufpassen, dass sie sich beim Herumwälzen nicht zufällig entblößten und dass sie dem Schlafgefährten nicht aus Versehen die Decke wegzogen. Offenbar hatte in solchen einfachen Unterkünften nicht einmal jeder eine eigene Zudecke, und wahrscheinlich kam man sich schon der Wärme wegen unter der Decke manchmal ziemlich nahe. Heute wäre es nicht einmal in der einfachsten Skihütte vorstellbar, dass zwei fremde Leute zusammen auf einem Lager einquartiert würden. Noch zweihundert Jahre nach Erasmus geht es in den Anstandsbüchern um die richtige Distanz unter dem warmen Deckbett. Es sei unanständig, »sich dem anderen so weit zu nähern, dass man sich nicht nur gegenseitig stört, sondern sogar berührt«, schrieb ein französischer Erzieher 1729.

Die Manierenlehrer kannten die Verhältnisse in den Schlafzimmern. Ihre Forderung nach einem eigenen Bett für jedes Kind war darum noch recht zurückhaltend: «Schlafe, wenn du es kannst, in einem besonderen Bette und nicht in demselben Zimmer mit dem anderen Geschlechte« (1774). Umso mehr sollten Eltern und Erzieher die gemeinsam schlafenden Kinder scharf im Auge behalten. Viel mehr noch als den peinlichen Anblick der Nacktheit beim An- und Ausziehen fürchtete man, dass die Kinder in den Betten Spiele begannen, die man vielleicht unanständig gefunden hätte.

»Sei im höchsten Grade schamhaft«, legte der Lehrer Joachim Campe den Mädchen als »väterlichen Rat« ans Herz. Ihren jungfräulichen Leib

DIE NACHTMÜTZE

»Früh zu Bett geht Onkel Fritze mit der spitzen Zipfelmütze«, heißt es bei Wilhelm Busch. Frauen trugen zum Schlafen eine Haube, Männer eine Mütze auf dem Kopf. Die Nachtmütze hatte ein wenig mit der Wärme und sehr viel mit den Haaren zu tun. Der Kopf wurde noch viel seltener gewaschen als der Leib. Ein Benimmlehrer empfahl darum Mützen mit einem Loch, damit schädliche Dämpfe entweichen könnten. Mit der Kopfbedeckung sicherten die eleganten Männer und Frauen ihre komplizierten Lockenfrisuren.

sollten sie vor Blicken und Berührungen schützen wie »ein Heiligtum«. Den Jungen bläute ein zeitgenössischer Anstandslehrer heftige Furcht ein und warnte inständig: »Erlaube es weder dir selbst noch deinem Schlafkameraden, dich am bloßen Leibe zu betasten oder zu kitzeln«. Um die neugierigen Kinderhände zu bewachen, machte man sich sogar Gedanken darüber, in welcher Stellung die Kinder im Bett lagen. In den Klöstern und Internaten wurde darauf geschaut, dass die Schüler nicht auf dem Bauch oder mit angezogenen Beinen, sondern lang ausgestreckt und auf dem Rücken lagen, die Hände sichtbar auf der Bettdecke. Dass es solche Kontrollen nicht nur vor zweihundert Jahren gab, sondern bis in unsere Tage, daran können sich ehemalige Klosterschüler noch gut erinnern.

Das Schlafzimmer wünschten sich die Sittenwächter ungemütlich und ungeheizt, damit kein Kind Lust haben sollte, länger als nötig darin zu verweilen. Sofort nach dem Aufwachen sollten die Kinder aufstehen, sich augenblicklich anziehen und den Raum verlassen. Die meisten Bedenken hatten die Erzieher vor dem Einfluss des Gesindes. Es habe eine »schlechte Denkungs- und Lebensart«, warnten sie und rieten den Kindern, lieber »auf Stroh« zu schlafen »als mit einem Bedienten oder mit einer Magd in einem guten warmen Bette«. Wir können uns inzwischen ungefähr denken, was damit gemeint war. Wenn ein kleiner Junge zu einer Magd ins Bett schlüpfte, erschien schon das behagliche Kuscheln und gegenseitige Wärmen wie ein unerlaubter Genuss. Hätte das Kind bei der Gelegenheit außerdem den Unterschied zwischen Mann und Frau entdeckt, so wäre das einer schweren Sünde gleichgekommen.

Bleich durch geheime Sünden

Heute kann man in allen Erziehungsbüchern nachlesen, dass Kinder von Geburt an sexuelle Wesen sind, die Lust empfinden können. Kleine Kinder erkunden unbefangen und mit Wonne, was ihr Körper alles kann. Sie berühren ihre Geschlechtsteile und entdecken, wie angenehm sich das anfühlt. Diese Beschäftigung nennt man Selbstbefriedigung (auf lateinisch Onanie oder Masturbation). Manche Kinder reiben ihren Penis oder ihre Scheide so lange, bis sie ein orgasmusähnliches Gefühl erleben (Orgasmus heißt der Höhepunkt bei der körperlichen Liebe). Den Eltern empfehlen die Ratgeber vor allem Geduld und Gelassenheit. Dass Jugendliche gelegentlich masturbieren, halten moderne Sexualwissenschaftler sogar für natürlich und vollkommen ungefährlich.

ONANIE

»Wilhelm fand Gefallen an dem, woran wohlerzogene Menschen einen Ekel finden. Er entblößte diese Schamteile, beschaute und berührte sie, und dies hatte er so oft getan, bis endlich eine Gewohnheit daraus geworden war, der er nicht widerstehen konnte.« So beschreibt der Pädagoge Johann Friedrich Oest 1787 seinen Abscheu vor dem, was allgemein als »Kinderunzucht« oder »Selbstschwächung« bezeichnet wurde.

Mit dieser Einstellung hätte man noch vor fünfzig Jahren ziemlich viele Leute vor den Kopf stoßen können. Im 18. Jahrhundert jedoch hätte sie blankes Entsetzen ausgelöst. Wenn schon die Nacktheit beim Baden schändlich war und der Anblick der Schamteile – wie einer der Lehrer schrieb – »Ekel verursachte«, um wie viel mehr galt das erst für die Berührungen.

Nur die kleinen Kinder glaubte man unschuldig und rein, und in diesem sündenfreien Zustand wollte man sie so lange wie möglich bewahren. Kaum etwas anderes fürchteten die Anstandserzieher mehr, als dass durch Worte, Bilder oder Berührungen die sexuelle Neugier der Kinder geweckt worden wäre.

Als der Schweizer Arzt Samuel Tissot 1758 ein Buch über die Onanie veröffentlichte, bestätigte er die schlimmsten Befürchtungen. Schwarz auf weiß konnte man nun nachlesen, dass die Onanie nicht nur eine Sünde, sondern darüber hinaus eine lebensgefährliche Krankheit war.

Die Anstandsratgeber waren überzeugt, dass diese düstere Diagnose stimmte. »Verschwenden Sie nie durch Lasterhaftigkeit die edleren Säfte Ihres Körpers«, liest man 1797 als Warnung in einem Anstandsbuch. Während wir noch darüber grübeln, was die »edleren Säfte« sein könnten, war den Jugendlichen damals sofort klar, dass der Erzieher vor der Verschwendung des Samens durch Onanie warnte.

Unfolgsamen Kindern wurden die fürchterlichsten Folgen prophezeit, wenn sie die Finger nicht von ihren Geschlechtsorganen ließen: Es entstehe »der höchst gefährliche und traurige Schade, den man den Krebs nennt«, drohte ein besorgter Lehrer 1783 in vollem Ernst. Der Arzt Tissot berichtete sogar von einem Mann, der durch die Onanie so verdorrte, dass man sein Gehirn im Schädel klappern hörte. Niemand hatte damals den geringsten Zweifel daran, dass er die Wahrheit sagte.

Man kann verstehen, dass gewissenhafte Eltern ihre Kinder vor so einem grässlichen Schicksal bewahren wollten. Aus echter Sorge beobachteten sie das Aussehen ihrer Kinder argwöhnisch, schließlich lehrte Tissot, dass man »die Spuren des Lasters sogleich am Gesichte sieht«. »Einst war ich rot, jetzt bin ich bleich und sehe einer Leiche gleich!«, reimte er in seinem Buch.

Wahrscheinlich machten sich die Jungen und Mädchen, die den Rat der Manierenlehrer befolgten und täglich einen kleinen Spaziergang unternahmen, noch am wenigsten verdächtig. Sie hatten nämlich immer rote Backen. War ein Jugendlicher dagegen bleich und matt, so lag auf der Hand, dass er ein verderbliches Hobby hatte: »Liederlichkeit und Wollust machen gelb und fahl«, behauptete ein Anstandslehrer und war sicher, dass nur die Onanie die Ursache der Blässe sein konnte.

Wusste sich ein Arzt bei einem jungen kranken Menschen keinen Rat mehr, so war ihm »der zitternde schleichende Gang, die ausgemergelten,

KINDER-KILLER

Samuel Tissot erklärte in seinem Buch »Die Onanie, oder Abhandlung über die Krankheiten, die von der Selbstbefleckung herrühren« die Nerven als ein Röhrensystem, in dem lebenswichtige Flüssigkeiten wie das Sperma zwischen Gehirn, Rückenmark und den »Zeugungsorganen« zirkulierten. Der Schweizer Arzt ging davon aus, dass jeder Mann nur einen begrenzten Vorrat an Samenflüssigkeit besitze. Wer onanierte, verschleuderte unersetzlichen Samen und begann unaufhaltsam auszutrocknen. Als Folgen nannte er allgemeine Schwäche, Blässe, Haarausfall, eine matte Stimme und Verdauungsprobleme, im schlimmsten Fall Lähmungen, Epilepsie und Tod.

mageren Glieder, die dürre Hand und der beständige Missmut« ein eindeutiger Beweis, dass dieser heimlich onanierte. Auch die Stimme konnte angeblich die ungehorsamen Missetäter verraten. »Der Ton wird heißer, schwach, bebend und völlig unrein«.

Für Eltern und Kinder waren solche Geschichten ungeheuer erschreckend und abschreckend. Wer trotz aller Warnungen gelegentlich onanierte, bekam neben schrecklichen Schuldgefühlen auch noch furchtbare Angst vor dem Krankwerden und Sterben. Im 19. Jahrhundert kam es vor, dass manche Kinder den Druck ihres schlechten Gewissens nicht mehr ertragen konnten und sich das Leben nahmen.

Keine Ahnung von nichts

UNZÜCHTIGE PFLANZEN

Der schwedische Biologe Carl von Linné teilte 1735 die Pflanzen nach ihren biologischen Geschlechtern ein. Dass es auch zweigeschlechtliche Arten gibt, die sowohl männliche Staubgefäße als auch weibliche Stempel besitzen, störte besonders schamhafte Kritiker. An so viel Lasterhaftigkeit in Gottes Schöpfung konnten sie nicht glauben und wollten diese unsittlichen Kenntnisse vor Schulkindern geheim halten.

Abgesehen von dem strengen Verbot, die Geschlechtsteile anzufassen, erfuhren die Kinder nichts über die menschliche Sexualität. Sie wussten nicht das Geringste über die körperliche Liebe zwischen Mann und Frau. Sie hatten keine Ahnung von Schwangerschaft und Geburt. Während Bauernkinder vielleicht bei Tieren beobachten konnten, wie Zeugung und Fortpflanzung funktionierten, wuchsen gerade die wohlerzogenen Bürgerkinder in völliger Unklarheit auf. Es gab Jungen, die über ihren ersten Samenerguss tief erschraken, und Mädchen, die bei ihrer ersten Menstruation an eine unerklärliche Verletzung glaubten.

Die Erzieher wollten die Unschuld der Kinder nicht durch angeblich sündiges Wissen verderben und gefährden. Sie blieben absichtlich so vage wie möglich. Als Information musste den Kindern reichen, dass der Mann wie eine Biene für die Befruchtung sorgte und die Frau ein Kind »unter dem Herzen trug«.

Die Eltern wären damals nicht auf die Idee gekommen, ihre Kinder in eine Kunstausstellung mitzunehmen, wo Gemälde mit Nackten zu sehen waren. Auch die Literatur großer Schriftsteller wie William Shakespeare, selbst die Bibel und die griechischen Göttersagen wurden auf Passagen untersucht, die beschreiben, wie Mann und Frau sich lieben. Kinder erhielten dann eine Fassung zu lesen, die – wie man sagte – »gereinigt« war.

Mehr als 200 Jahre lang erschreckte das Gespenst der Onanie viele Generationen von Kindern und Jugendlichen. Genauso lang blieb die Panik in den Köpfen der Erzieher. Auch nachdem die medizinische Forschung längst herausgefunden hatte, dass sich die Samenflüssigkeit immer wieder nachbildet und eine Verschwendung unmöglich ist, glaubten sie noch daran, dass Selbstbefriedigung kraftlos, krank oder immerhin kahlköpfig machen könne. Männer, denen frühzeitig die Haare ausgingen, konnten einem leid tun. Für den Verfasser des »Guten Ton« war 1905 eine Glatze ein eindeutiges Indiz für Onanie: Der »Verlust des Kopfschmuckes versetzt den jungen Mann, ihn offen beschämend, in den Anklagestand wegen geheimer Sünden.« Bis in unsere Tage hinein mussten sich bleiche und zarte Jugendliche von manchen Erwachsenen schiefe Blicke gefallen lassen.

Lieber Johann,
Anastasia aus meiner Klasse tut mir leid. Ihre Eltern sind in einer Freikirche und wollen sie nicht in den Sexualkundeunterricht lassen, der sei angeblich unmoralisch. Für Anna ist das so fies, denn die Jungs nennen sie jetzt »eiserne Jungfrau«.

Karla

Hallo Karla,
Deine Oma hat mir mal erzählt, dass sie als Kind glaubte, die Hebamme bringe die Babys in der Tasche mit. Sie wurde daheim überhaupt nicht aufgeklärt, und an den Schulen war das Thema streng verboten. Erst als Dein Papa ins Gymnasium kam, wurde die Sexualkunde eingeführt. Viele Eltern wehrten sich damals mit Händen und Füßen dagegen – ganz ähnlich wie die von Anastasia.
Aufgeklärte Grüße,

Dein Johann

»Im Restaurant sollten sie Ihrem Kleinen ruhig sagen, dass das jetzt kein guter Moment ist, sich nackt zu zeigen.« (2007)

Seit 1970 ist die Sexualkunde in den Fächerkanon der Schulen aufgenommen. Seit 1977 wird sie überall unterrichtet. Damals mussten die Eltern noch schriftlich ihr Einverständnis dazu geben. Inzwischen gehört das Fach verpflichtend zum Lehrplan. Nur ganz selten noch gibt es strenggläubige Eltern, die vor Gericht erstreiten wollen, dass ihre Kinder vom Aufklärungsunterricht befreit werden.

Wenn es um den nackten Körper geht, ist in modernen Manierenbüchern von Sünde und Schande keine Rede mehr. Wie erwachsene Menschen ohne Kleider aussehen, haben die meisten Kinder schon mal bei ihren Eltern beobachtet, und im Kindergartenalter wissen sie, wie die Körperteile funktionieren. Sie sprechen über die Liebe und das

Kinderkriegen genauso unbefangen wie über Essen und Trinken.

Schamgefühle sind deswegen nicht ausgestorben. Auch wenn man nichts dabei findet, mal gemeinsam zu duschen, kann das eine heikle Sache sein. Es genügt ein frecher Blick oder eine falsche Bemerkung, und man fühlt sich nicht mehr wohl in seiner (nackten) Haut. Es sind immer die Augen der anderen, die uns schamrot werden lassen.

Körperscham entwickelt sich früh im Leben. Betreuer von Kindertagesstätten berichten, wie unbefangen und stolz Zweijährige vor aller Augen auf der Kloschüssel thronen. Doch mit vier oder fünf Jahren bevorzugen alle Kinder die geschlossenen Kabinen ohne Publikum. Die Psychologen sprechen davon, dass sich in diesem Alter das Bewusstsein für die persönliche Intimsphäre entwickelt, über die wir nicht gerne reden und zu der andere keinen Zutritt haben. Zu diesem Bereich zählen sie auch die Onanie. Kinder sollen frei und ohne Schuldgefühle ihren Körper entdecken dürfen, empfehlen sie, aber gleichzeitig lernen, dass die Geschlechtsorgane ein besonders schützenswertes Privatgelände sind. Ähnlich denkt man in den gegenwärtigen Erziehungsratgebern. Nacktsein findet man für Kinder am Strand in Ordnung, in Gesellschaft unpassend.

»BRAVO«

Dr. Martin Goldstein beantwortete als »Dr. Sommer« um 1970 herum in der Jugendzeitschrift »Bravo« Fragen von Jugendlichen. »Ich habe unglaublich häufig die Frage erhalten, ob Onanie eine Sünde sei, krank oder schwul macht«, sagte er in einem Interview. Als er die Jugendlichen in seinen Antworten beruhigte, ging damals die Bundesprüfstelle für jugendgefährdende Schriften gegen seine Artikel vor. Die Jugendlichen allerdings waren dankbar für seine Offenheit.

Das Wichtigste zum Schluss:
Was macht schlechte Manieren so interessant?

Das gute Benehmen setzt sich – wie wir Kapitel für Kapitel gesehen haben – aus einer Menge von Detailregeln zusammen. Das empfanden alle Kinder (und nicht wenige Erwachsene) schon immer als großen Nachteil und als sehr anstrengend.

Seit Erasmus von Rotterdam sind die Ratschläge der Anstandslehrer immer genauer und ausführlicher geworden. Kein Teil am Körper, kein Knopf an der Kleidung und kein Haar an der Frisur blieb übrig, für das es nicht irgendeine Richtlinie gab. Vom Kopf bis zu den Füßen, 24 Stunden am Tag, allein oder zusammen mit anderen sahen sich die Menschen schließlich in Benimmregeln eingesponnen wie in einen Schmetterlingskokon.

Den Anstandslehrern genügte ein Normalmaß an Freundlichkeit und Achtsamkeit im Umgang miteinander nicht. Für sie war jede einzelne Manierenregel eine ernste Sache, bei der sie zu keiner Zeit sehr viel Spaß verstanden. Erst die Feinheiten des guten Benehmens machten in ihren Augen einen wirklich feinen Menschen aus. Es dauerte lange und brauchte viel Übung, bis jemand das komplette Manierenwissen aus dem Effeff beherrschte. Im Grunde konnten sich nur wohlhabende Herrschaften mit viel Freizeit um all die Kleinigkeiten und Kinkerlitzchen des perfekten Benehmens kümmern. Vollkommene Manieren gaben ihnen dann ein Gefühl der Überlegenheit über den Rest der Welt. Dass sie dabei die Vorteile ihres guten Einkommens mit einer Tugend verwechselten, merkten sie wahrscheinlich nicht.

Die große Mehrheit der Leute hatte gar nicht genügend Muße, um sich »jene Gewähltheit im Umgang anzueignen, welche den höheren und höchsten Ständen eigen sind«, beklagte ein Manierenlehrer vor hundert Jahren. Sie hatten alle Hände voll zu tun, ihren Alltag zu bewältigen. Trotzdem bemühten sie sich nach Kräften um das, was man Höflichkeit und Anstand nannte. Ihren Kindern brachten sie bei, was sie selbst wussten. Aber hinter den hohen Erwartungen der Anstandslehrer blieben sie immer ein Stück zurück. Für die feinsten der feinen Manieren fehlte entweder das Geld oder die Zeit oder die richtige Ausstattung. Die meisten Leute waren – damals wie heute – einfach nicht perfekt.

In dieser beengenden Welt des tadellosen Benehmens gab es früher kaum Schlupflöcher. Eigentlich konnte man nur in Gedanken entfliehen. Bücher über ferne Reisen, über das freie Leben der wilden Naturvölker und Berichte über die Schicksale von Ausreißern und Abenteurern waren deshalb sehr beliebt.

Die Kinder (und die Erwachsenen), die 1719 das Buch »Robinson Crusoe« von Daniel Defoe in die Hände bekamen, lasen begeistert, wie selbständig und schlau Robinson sein Leben auf der einsamen Insel meisterte. Wir können sicher sein, dass sie genauso fasziniert davon waren, wie unwichtig die guten Manieren auf einmal waren. Robinson brauchte sich weder zu rasieren noch auf seine Frisur zu achten. Seine Kleider waren aus Ziegenfell, und seinen hässlichen Hut nahm er nur im Schatten ab. In Robinsons Leben zählten zuerst die zweckmäßigen und praktischen Dinge. Das war ein Wunschtraum für die lesenden Kinder, die sich auf Schritt und Tritt mit Benimmregeln herumplagten. Anstatt wie Robinson ein freies Leben zu führen, mussten sie jedermann die Hände küssen, stundenlang still sitzen und im Übrigen darauf achten, dass ihre gepuderten Schläfenlocken nicht verrutschten.

In der Literatur für Kinder wurden gerade die Manierenübertreter zu heimlichen Vorbildern. Selbst der »Struwwelpeter«, der die Kinder eigentlich streng zu Reinlichkeit und Ordnung erziehen wollte, lehrte nebenbei ein kleines Stückchen Widerstand. Man muss nur einmal die Haltung des zerzausten Jungen auf dem Titelblatt betrachten. Breitbeinig wie ein Sieger nach einer Schlacht steht er auf seinem Podest. Selbstbewusst und stolz präsentiert er seinen ungekämmten Schopf und seine langen Fingernägel.

Solche Figuren waren für die Gefühle der Kinder wie ein Ventil. Zusammen mit dem »fliegenden Robert« aus dem »Struwwelpeter«, der mit seinem Regenschirm bei Wind und Wetter davongetragen wird, schwebte die von Anstandsregeln umzingelte Kinderseele weit weg, irgendwohin, wo nicht nur der gute Eindruck zählte.

In der Fantasie gelang es, aus dem Käfig der Wohlanständigkeit auszubrechen und einmal auf den guten Ton zu pfeifen. Wer hätte je gehört, dass Winnetou, der Häuptling der Apachen, sich eine Serviette umlegte und mit Besteck aß? Dass der tapfere Trapper Lederstrumpf darauf achtete, nicht auf den Rasen der Prärie zu spucken? Oder dass der fliegende Karlsson vom Dach beim Essen je den Mund gehalten hätte?

»Ist der Ruf erst ruiniert, lebt man völlig ungeniert«, dichtete Wilhelm Busch. Mit Max und Moritz erfand er 1865 zwei wahrhaft unmanierliche Lausbuben, die zwar grässlich endeten, aber trotzdem bei jedem ihrer Streiche von unseren wärmsten Gefühlen begleitet werden. Denn sie trauten sich Sachen, die wir uns heute nicht trauen würden und damals erst recht nicht getraut hätten. Hans Huckebein, der Unglücksrabe, und die fromme Helene passten nie richtig in die Normen des bürgerlichen Anstandes. Sie waren einfach zu lustig.

Es gibt eine Menge Helden in den Kinderbüchern, die sich herzlich wenig um die Vorschriften des guten Benehmens scheren. Sie kümmern sich weder um Stil noch um die Formvollendung. Sie sind unbekümmert und unabhängig. An den »Höflichkeitsstandards« scheitern sie ziemlich oft, und wir erkennen uns in ihnen wieder.

Tom Sawyer, der Held in der gleichnamigen Geschichte von Mark Twain aus dem Jahr 1876, führte ein Doppelleben zwischen Musterknabe und Landstreicher, mit dem er die strenge Manierenkontrolle seiner Tante raffiniert unterlief. Sein bester Freund Huckleberry Finn verkörperte, was sich die lesenden Kinder damals vom Leben erträumten. »Alles, was dazu gehörte, das Leben köstlich zu machen,

ERZIEHUNG DER WITWE DOUGLAS

»Die Witwe ist gut und freundlich zu mir«, erzählt Huck, »aber ich kann diese verdammten Manieren nicht aushalten. Sie zwingt mich, jeden Tag um genau dieselbe Zeit aufzustehen, sie zwingt mich, mich zu waschen, dann kämmen sie mich ganz grausam, sie lässt mich nicht im Holzschuppen schlafen, ich muss diese verdammten Sachen anziehen, wo ich drin ersticke.« Aus den »Abenteuern von Huckleberry Finn« von Mark Twain (1884).

das besaß dieser Junge«, schrieb Mark Twain. Er wusste genau, dass alle Mütter seinen Helden Huckleberry »von Herzen hassten und fürchteten, weil er faul, frech, ordinär und ruppig war – und weil ihre Kinder ihn alle so bewunderten und wünschten, sie getrauten sich, so zu sein wie er.«

Huck Finn wehrte sich gegen kleinkarierte Vorschriften, die er nicht einsehen konnte. Und er wehrte sich stellvertretend für seine Leser. Er gab ihnen – wenigstens in Gedanken – Kraft gegen alle wohlmeinenden Erwachsenen, die irgendwie der engstirnigen Witwe Douglas ähnelten. Er verbündete sich mit seinen Lesern gegen verständnislose, buchstabengenaue Rechthaber, die nicht den geringsten Humor hatten.

Die Regelbrecher führen durch ihr schlechtes Benehmen überflüssige Regeln als das vor, was sie waren, absurde Vorschriften ohne Sinn. Warum sollten Frauen nicht allein zum Esstisch gehen dürfen? Pippi Langstrumpf (von Astrid Lindgren, 1949) gibt dem Affen Herr Nilsson die Rolle eines Tischherrn. Er darf Annika zum Tisch führen. Mit dieser Besetzung macht Pippi insgeheim alle männlichen Tischbegleiter zum Affen.

Gegen das Manierengebot der Mäßigkeit verwirklicht Pippi Langstrumpf Kinderträume der Unmäßigkeit: Sie verschlingt kiloweise Bonbons und futtert eine ganze Torte alleine auf. Sie akzeptiert keine Grenzen, nicht einmal beim Malen. Weil ihr Pferd nicht auf »das lumpige Stückchen Papier« passt, malt sie auf dem ganzen Fußboden weiter. Pippi ist laut und aufdringlich. Sie brüllt zur Begrüßung militärische Kommandos, bevor sie bei der Einladung zum Kaffeeklatsch vor den verblüfften Damen in einem tiefen Hofknicks versinkt. Für die kleinen Leser war Pippi ein Mädchen nach ihrem Herzen, unglaublich stark, immer auf der Seite der Kinder und eine mutige Stütze gegen ungerechte »Respektspersonen«. Auf Pippi konnte man sich verlassen. Als das Buch erstmals erschien, erlaubten nicht alle Eltern ihren Kindern die Lektüre. Sie fanden die Seeräubertochter ungezogen und ihre Manieren schlecht. Niemals würde dieses Mädchen brav und folgsam etwas tun, bloß weil es sich eben so gehörte.

Die eigenwilligen Persönlichkeiten aus den Kinderbüchern sind vom Standpunkt des guten Benehmens vielleicht voller Fehler, aber sie handeln mit Moral und Gewissen, was man von den makellosen Manierenexperten nicht immer mit Sicherheit wissen kann. Jasper in dem Roman »Das Austauschkind« (von Christine Nöstlinger, 1982) ist ein Schüler aus England. Der ziemlich schmuddelige Junge verletzt so gut wie alle Benimmregeln, die es im Haus seiner superreinlichen Gastfamilie gibt. Er bricht sogar intime Tabus, denn er schläft nackt. Jasper hat keine blasse Ahnung von Tischsitten und gepflegtem Auftreten. Doch wie viele andere Manierenversager weiß er, worauf es wirklich ankommt. »Für Ordnung war er nicht. In Ordnung war er schon«, liest man über ihn. Das gilt für Jasper, für Pippi Langstrumpf, für Huckleberry Finn, selbst für Bart und Homer Simpson.

Und noch etwas, das Allerwichtigste ganz zum Schluss: Die unperfekten Helden bringen uns zum Lachen. Das ist etwas, das der Untadeligkeit niemals gelingen wird. Finden wir das schlechte Benehmen deshalb so interessant?

Wer waren die Teilnehmer der Expertenrunde vom Anfang des Buches?

Der alte Gelehrte. Erasmus von Rotterdam kam 1466 oder 1469 zu Welt (genau weiß man das nicht) und starb 1536. Er wuchs in einem Kloster auf und lebte in verschiedenen Ländern Europas. Berühmt wurde er durch seine vielen Bücher, die Gelehrte in ganz Europa lasen. Erasmus war ein Humanist. So nennt man christliche Wissenschaftler, die sich für das Bild des Menschen (human heißt menschlich) in den philosophischen Lehren aus der Antike interessierten. Die Humanisten sprachen und schrieben nur lateinisch und griechisch. Erasmus' Vorbilder waren Philosophen wie Aristoteles, Platon und Cicero. Wie jene zählte er die Mäßigung zu den wichtigsten menschlichen Tugenden. Sein Erziehungsziel war der friedfertige und gebildete Mensch. Zur Bildung zählte Erasmus auch das Benehmen. Um 1530 erschien sein Buch »De Civilitate morum puerilium libellius«, was frei übersetzt heißt: »Wie man die Buben zu besserem Benehmen erzieht«. Über 200 Jahre lang wurde es als Schulbuch verwendet. Gebildete junge Leute lernten so gleichzeitig die lateinische Sprache und gute Manieren.

Der italienische Zeitgenosse. Der Herr mit dem Vollbart hieß Baldassare Castiglione und lebte von 1478 bis 1529. Er wuchs in einer adeligen Familie auf, wurde humanistisch erzogen und war als Botschafter für verschiedene italienische Fürsten und selbst für den Papst unterwegs. Berühmt wurde er durch »Das Buch vom Hofmann«. Darin beschreibt er die Eigenschaften eines perfekten Edelmannes. Sein Ideal war gebildet, humorvoll, schlagfertig und sprach außer der Muttersprache auch Griechisch, Latein, Französisch und Spanisch. Daneben hatte der Hofmann vorbildliche moralische Qualitäten, war aufrichtig und seinem Fürsten treu. Er konnte gut mit Waffen umgehen, war höflich zu den Frauen und konnte nicht zuletzt musizieren, malen und tanzen. Was die späteren Manierenlehrer noch Jahrhunderte später an Castigliones Buch bewunderten, war die Idee der »Sprezzatura«. Damit ist eine gewisse Lässigkeit gemeint, die das elegante Benehmen des Hofmannes auszeichnete. Auch bei schwierigen Aufgaben gelang es ihm, sie so zu erledigen, als seien sie mühelos leicht.

Der Mann am Kamin. 1788 veröffentlichte Adolph Freiherr von Knigge das Buch »Über den Umgang mit Menschen«, eine Aufklärungsschrift über die Höflichkeit, mit dem er sich an alle Gesellschaftsschichten richtete. Er gibt darin Ratschläge für den Umgang mit den »Großen der Erde«, mit »allerlei Ständen«, mit »Kindern« und »Frauenzimmern«, sogar mit »Schurken« und »Tieren«. Knigge war zwar von Adel, aber er dachte wie ein Bürger. Unterwürfigkeit und Schmeichelhaftigkeit waren ihm zuwider. Er glaubte, dass tüchtige Bürger mit guten Umgangsformen Positionen und Ämter erreichen können, die vorher allein dem Adel vorbehalten waren. Einer seiner wichtigsten Sätze heißt: »Achte dich selbst, wenn du willst, dass andere dich achten sollen!« Eine Gesellschaft ganz ohne Herren und Knechte konnte er sich allerdings noch nicht vorstellen, darum redet er den Kellner zwar freundlich, aber mit Er an. Anders als viele spätere Anstandslehrer formulierte Knigge keine genauen und festen Vorschriften für die Tischsitten, das Grüßen oder die Kleiderwahl. Später wurde sein Name wie ein Markenzeichen verwendet: Benimmbücher heißen deshalb gern »Der neue Knigge«, »Knigge heute«, »Knigge International«, »Der wirkliche Knigge«, »Ein Knigge für jedermann«, »Business-Knigge«. Sogar ein »Sex-Knigge« wurde geschrieben.

Der Sonnenkönig. Der französische König Ludwig XIV. (1638–1715) schrieb selbst kein Anstandsbuch. Doch an seinem Hof in Versailles führte er mehr und genauere Manieren ein als je in ein Buch passen würden. Das war die

»Etikette«, die wie ein Spinnennetz aus Vorschriften das ganze Hofleben überzog. Auch er lebte nach diesen Regeln und soll ein perfekter Kavalier und sehr guter Tänzer gewesen sein. Ob er tatsächlich persönlich überall Gebotsschilder (Etiketten) aufstellte, wie in manchen Büchern behauptet wird, ist zu bezweifeln. Man nannte Ludwig XIV. den Sonnenkönig, weil sich alles immer um ihn drehte. Er führte drei Kriege und verlangte von seinen Untertanen enorm hohe Steuern, doch niemand feierte glänzendere Feste und baute prächtigere Schlösser als er. Die Etikette war für ihn eines der besten Mittel, um seinen Hofstaat bis ins kleinste Detail zu beherrschen. Wer unter ihm etwas werden wollte, musste ein Experte in allen Fragen der Etikette sein. Nur so erreichte man das Wohlwollen des Königs. Perfekte Manieren waren kein oberflächliches Betragen, sondern lebensnotwendig. An ihnen hing die Achtung, der Erfolg und damit auch das Einkommen der Adeligen. Eine Folge davon war, dass unter den Hofleuten sehr viel Konkurrenz, Misstrauen und Eifersucht herrschte. Ludwig XIV. wurde schon mit vier Jahren König und regierte 72 Jahre lang.

Die Hofdame. Dem bürgerlichen Mädchen Jeanne-Antoinette Poisson (1721–1764) gelang dank ihrer Schönheit, Bildung und nicht zuletzt dank ihrer guten Manieren eine Traumkarriere. Sie wurde unter dem Namen »Madame Pompadour« die berühmteste und mit Abstand teuerste unter den vielen Mätressen (vom französischen »maîtresse«, Geliebte) von König Ludwig XV. (das war der Urenkel des Sonnenkönigs). Sie besaß ein eigenes Schloss, leitete ein eigenes Theater und gründete die Porzellanfabrik bei Sèvres. Sie beherrschte alle Feinheiten des guten Benehmens. Wie sie sich kleidete und schminkte, wie sie ging und stand, wie sie Theater spielte, tanzte und sang, entsprach genau den Regeln der Etikette. Gleichzeitig war sie eine kluge Frau. Sie unterstützte Künstler und förderte die Schriftsteller und Wissenschaftler der Aufklärung. 20 Jahre lang konnte sie ihre Stellung als Ratgeberin des Königs halten, auch nachdem jener sich längst andere Mätressen genommen hatte. Ihr Name lebt fort als Bezeichnung eines kleinen Stoffbeutels, in dem sie ihre Schminksachen bei sich trug. Der »Pompadour« war die erste Damenhandtasche in der Geschichte.

Die Dame im grünen Seidenkleid. Erica Pappritz (1893 bis 1972) galt nach dem Zweiten Weltkrieg als Institution in allen Benimmfragen. Schon als Schülerin in einem italienischen Mädchenpensionat hatte die Tochter eines Rittmeisters den Spitznamen »Zeremonienmeister« getragen. 1919 begann sie als Schreibdame im Auswärtigen Amt und brachte es nach dem Zweiten Weltkrieg zur Legationsrätin (ein Ehrentitel im diplomatischen Dienst) und stellvertretenden Protokollchefin. Sie besaß fünfzehn Orden, die sie bei allen offiziellen Anlässen trug. In Manierenangelegenheiten war sie unerbittlich. Selbst der Bundeskanzler soll bei Empfängen ihren strengen Anweisungen gehorcht haben. Erica Pappritz war der Ansicht, dass eigentlich nur der Adel wahren Stil habe. Ihr »Buch der Etikette«, das sie 1956 zusammen mit Karlheinz Graudenz verfasste, war auf Anhieb ein Bestseller, auch wenn damals schon einige ihrer Anweisungen belächelt wurden. Sie verbot zum Beispiel strikt das Tragen von langen Unterhosen.

Die Dame in Grau. Hinter dieser Dame verbirgt sich die österreichische Schriftstellerin Helene Stökl. Sie lebte von 1845 bis 1929 und schrieb Berge von kleinen, belehrenden Kindergeschichten. Doch am meisten Geld verdiente sie wahrscheinlich mit ihrem »Handbuch des guten Tones und der feinen Sitte«, das ungefähr 1890 erschien und bis 1951 immer wieder aufgelegt wurde.

Für dieses Anstandsbuch nannte sich Helene Stökl vornehm Constanze von Franken. Viele ihrer Benimmweisheiten kommen uns heute etwas merkwürdig vor, denn sie stammen aus einer Zeit, als die wohlhabende Bürgerschicht noch Personal beschäftigte. »Ein Diener pflegt weiße Handschuhe zu tragen«, schreibt sie etwa, und: »Die Kleidung des Kutschers muss zu der Farbe deines Wagens passen«. Von ihr stammt auch »Der gute Ton für die Kinderwelt« (1890).

Die Herren in den dunklen Anzügen.

Johann Peter Voit schrieb 1792 ein »Sittenbuch für junge Leute«. Er war in Schweinfurt Professor und Archidiakonus (so nennt man den Vorgesetzten der Diakone und Gehilfen des Bischofs in Verwaltungs- und Rechtsfragen). In seinem Büchlein finden sich als Warnung für die Leser viele interessante Beispiele für schlechtes Benehmen. Wenn er beschreibt, was die schlimmen Gassenkinder alles anstellten, so kann man sich anschließend ein bisschen vorstellen, wie die Kinder wirklich gelebt haben.

Franz Vogt arbeitete im »Cassianeum«, einer Lehrerbildungsanstalt mit Bibliothek und Verlagsbuchhandlung in Donauwörth. Er schrieb 1894 die »Unterweisungen über das anständige Benehmen in verschiedenen Lebenslagen, zunächst für bürgerliche Kreise«. Es folgte eine kürzere Ausgabe »für das Volk«, die bis 1939 gedruckt wurde. Seine Auffassung von gutem Benehmen ist geprägt von christlicher Demut. Anstand war für ihn fast dasselbe wie Bescheidenheit und Anpassung. Man kann bei ihm beispielsweise nachlesen, wie man einen Brief an den Papst korrekt beendet: »In tiefster Ehrfurcht verharrt Eurer Heiligkeit untertänigst gehorsamer Sohn«.

Johann Christian Siede war ein Schriftsteller. Er verfasste 1797 den »Versuch eines Leitfadens für Anstand, Solidität, Würde und männliche Schönheit der aufwachsenden männlichen Jugend«. Seine Idee vom guten Benehmen grenzte sich vor allem von den künstlichen Manieren der Hofgesellschaft ab. Er warb für die natürliche Schlichtheit eines Gentleman, ein Ideal, das aus heutiger Sicht immer noch schwer genug zu erreichen wäre. Allein für die korrekte Art, die

Augen zu bewegen, schreibt Siede 45 verschiedene Möglichkeiten auf. Er selbst scheint nicht der Typ des vornehm zurückhaltenden Weltmannes gewesen zu sein. Als ein von ihm verehrtes Mädchen einen anderen heiratete, entführte Siede die junge Frau kurzerhand.

Die Dame im Hosenanzug. Sybil Gräfin Schönfeldt, die im Februar 2007 achtzig Jahre alt wurde, wird als »weltgewandte und in internationalen Sitten erfahrene Großmutter« bezeichnet. Sie hat Kinder-, Koch- und Benimmbücher geschrieben, bei Zeitschriften und im Fernsehen mitgearbeitet und über 130 Kinderbücher übersetzt. In ihrem Berufsleben verwendet sie ihren adeligen Geburtsnamen, eigentlich heißt sie Anna Sybil Schlepegrell. Ihr »1×1 des guten Tons« (1987) und die Jugendversion »Feinschliff« (2001) gelten als Standardwerke. Ob sie zu dem Expertentreffen einen Hosenanzug getragen hätte, kann nur vermutet werden. Aufgeschlossen genug wäre sie allemal.

Die Dame im kurzen Rock. Christina Zacker, geboren 1954, ist freiberufliche Journalistin und lebt in Lissabon. Sie schreibt über Gesundheit, Haushalt, Ernährung, Astrologie, Erziehung und Psychologie. Ihre Benimmbücher (»Der neue Knigge«, 2001; »Erfolgreich auftreten im Beruf«, 2007) veröffentlicht sie unter dem Namen Franziska von Au. So hieß ihre adelige österreichische Urgroßmutter. Wer ihre Tipps beherzigt, so wirbt Christina Zacker, werde nicht nur jeder Alltagssituation gewachsen sein, sondern weiterkommen im Leben. Manieren sind ihr Rezept für eine erfolgreiche Karriere. Mit diesem Ziel vor Augen würde sie wahrscheinlich zu der Expertentagung in einem klassischen Kostüm mit knielangem Rock erscheinen.

Verwendete Literatur

Adelfels, Kurt: Das Lexikon der feinen Sitte. Praktisches Hand- und Nachschlagewerk für alle Fälle des menschlichen Verkehrs, Stuttgart 1900.
Adlersfeld-Ballestrem, Eufemia von: Katechismus des guten Tons, Leipzig 1899.
Andreae, Illa: Die Kunst der guten Lebensart. Spielregeln im Umgang mit Menschen, Freiburg 1963.
Anonym: Anstandsbüchlein für erwachsene Mädchen vom Lande, Regensburg 1893.
Anonym: Schicklichkeits- und Ritterspiegel. Einige Winke für wohlanständiges Benehmen und gute Lebensart von einem Freund der Jugend, Schwarzenberg 1915.
Au, Franziska von: Der neue Knigge. Sichere Umgangsformen für alle Situationen, München 2004.
Basedow, Johann Bernhard: Elementarwerk. Ein Vorrat der besten Erkenntnisse zum Lernen, Lehren, Wiederholen und Nachdenken (1. Auflage 1774), Leipzig 1785.
Berger, Otto: Was schicklich ist, Reutlingen 1887.
Bodanius, Walter: ABC des guten Benehmens für die heranwachsende Jugend, Konstanz 1957.
Campe, Joachim Heinrich: Väterlicher Rat für meine Tochter. Ein Gegenstück zum Theophron. Der erwachsenen weiblichen Jugend gewidmet, Tübingen 1789.
Castiglione, Baldassare: Il Cortigiano, 1528. Nachdruck: Der Hofmann. Lebensart in der Renaissance, Berlin 2004.
Claudius, F. D. (Erzieher in einem adeligen Hause): Welt und Ton. Ein nützliches Bildungsbuch zum Eintritte in die feine Gesellschaft. Mit Andeutungen und Regeln für die gewöhnlichen und besonderen Beziehungen des Lebens, nebst Winken über Anstand, Benehmen, feine Sitte, Etikette, Unterhaltung, Konversation, Mode, Kleidung, Spiele und alle geselligen Verhältnisse, Prag 1833.
De la Salle, Jean Baptist: Regeln der christlichen Wohlanständigkeit und Höflichkeit, Ausgaben 1729 und 1774, Nachdruck Straßburg 1928.
Della Casa, Giovanni: Galateus. Das Büchlein von erbarn, höflichen und holdseligen Sitten, 1558. Nachdruck der Ausgabe von 1607, Frankfurt/M. 1984.
Ebhardt, Franz: Der gute Ton in allen Lebenslagen, Berlin 1878.
Eichler, Lillian: So oder so? Fingerzeige für gesellschaftliche Erfolge, Stuttgart 1928.
Eltz, J. von (= Anton Kellen): Das goldene Anstandsbuch. Ein Wegweiser für die gute Lebensart zu Hause, in Gesellschaft und im öffentlichen Leben, Essen 1910.
Erasmus von Rotterdam: De civilitate morum puerillium libellius, 1530. Zitiert nach Elias, Norbert: Über den Prozess der Zivilisation. Soziogenetische und psychogenetische Untersuchungen, 2 Bände, Bern/München 1969, 18. Aufl. 1994.
Franken, Konstanze von: Katechismus des guten Tones und der feinen Sitte, Leipzig 1890, 77. Aufl. 1951.
French, Jackie: Vorsicht Fettnapf. 180 Benimm-Pannen und wie man sie vermeidet, München 2004.
Graudenz, Karlheinz / Pappritz, Erica: Das Buch der Etikette, Marbach 1956.
Haller, Joachim: Der gute Ton im Umgang mit Menschen, München 1968.
Hensel, Paulrichard: Junge Dame – Tadellos. Die vollkommene Beherrschung aller Gesetze, die der gute Ton vorschreibt, München um 1950.
Hirscher, Petra: Der moderne Knigge für Alltag und Beruf. Gutes Benehmen und gelungener Smalltalk, Köln 2000.
Höflich, E.: Wie benehme ich mich? Regeln zu einem gesitteten und gefälligen Betragen, Aachen 1899, 1936.
Höflinger, Christoph: Anstandsregeln. Aus bewährten Quellen zusammengetragen und geordnet, Regensburg, New York/Cinncinati 1885.
Hoefs, A.: Was lieblich ist und wohl lautet. Ein Buch über den guten Ton, Kassel 1903.

Kamptz-Borken, Walther von: Der gute Ton von heute. Gesellschaftlicher Ratgeber für alle Lebenslagen, Vaduz 1954.
Knigge, Adolph Freiherr von: Über den Umgang mit Menschen, Hannover 1788.
Knigge, Moritz Freiherr von: Spielregeln. Wie wir miteinander umgehen sollten, Bergisch Gladbach 2004.
Koebner, F. W. (Hrsg.): Der Mann von Welt. Ein Herrenbrevier, Berlin 1919.
Krumrey, Horst Volker: Entwicklungsstrukturen von Verhaltensstandarden. Eine soziologische Prozessanalyse auf der Grundlage deutscher Anstands- und Manierenbücher von 1870 bis 1970, Frankfurt/M. 1984.
Leithäuser, Joachim G.: Anstand mit Anstand. Die Kunst, mit sich und anderen umzugehen, Frankfurt/M. 1965.
Leupold, Ferdinand: Regeln des Anstandes und der guten Sitte. Ein Handbüchlein für Schüler reiferen Alters, Stuttgart 1906.
Lindau, Carl: Der beste Ton. Regeln des Anstandes und Anleitung, durch ein anständiges und gesittetes Benehmen sich im gesellschaftlichen Leben angenehm und beliebt zu machen. Ein Sitten- und Höflichkeitsspiegel für junge Leute, Erfurt 1891.
Martin, Hans: Darf ich mir erlauben? Das Buch der guten Lebensart, Stuttgart 1949.
Meister, Ilse: Vom Backfisch zur Dame. Vom Jüngling zum vollendeten Herrn. Ein neues Anstandsbuch, Stuttgart/Berlin/Leipzig 1933.
Mohl, Robert von: Über die Sitten und das Betragen der Tübinger Studierenden während des 16. Jahrhunderts, Tübingen 1832.
Moritz, Karl Philipp: Anton Reiser. Ein psychologischer Roman, Berlin 1785.
Nicholson, Harold: Vom Mandarin zum Gentleman, München 1957.
Reboux, Paul: Die neue Lebensart, München 1932.
Richter, Gert: Belehrendes und erbauliches Lexikon der Sittsamkeit von A bis Z. Gütersloh 1974.
Salzmann, Christian Gotthilf: Moralisches Elementarbuch, 1785. Nachdruck Dortmund 1980.
Schlumbohm, Jürgen (Hrsg.): Kinderstuben. Wie Kinder zu Bauern, Bürgern, Aristokraten wurden, 1700–1850, München 1983.
Schönfeldt, Sybil Gräfin: 1x1 des guten Tons. Das neue Benimmbuch, Hamburg 1987.
– Feinschliff. Der Knigge für die nächste Generation, Berlin 2001.
Schramm, Hermine: Der gute Ton oder das richtige Benehmen. Ein Ratgeber für den Verkehr in der Familie, in der Gesellschaft und im öffentlichen Leben, Berlin 1892, 1908, 21. Aufl. 1927.
Seidler, H.: Die Bestimmung und Veredelung der Jungfrau, Berlin 1847.
Siede, Johann Christian: Versuch eines Leitfadens für Anstand, Solidität, Würde und männliche Schönheit der aufwachsenden männlichen Jugend, Dessau 1797.
Steinau, Malvine: Der gute Ton für Damen, Leipzig 1905.
Stephan, Cora: Neue deutsche Etikette, Berlin 1995.
Sturtevant, Erich: Vom guten Ton im Wandel der Jahrhunderte, Berlin/Leipzig/Wien/Stuttgart o. J. (vollendet vor 1914).
Vogt, Franz: Anstandsbüchlein für das Volk, Kurzgefasste Unterweisungen über das anständige Benehmen in verschiedenen Lebenslagen, Donauwörth 1894 (38. Aufl. 1939).
Voit, Johann Peter: Sittenbuch für junge Leute, Nürnberg/Jena 1792.
Weißenfeld, Kurt von: Der moderne Knigge. Die Beherrschung des guten Tones in allen Lebenslagen. Gewandtes Auftreten. Beliebtheit durch gewinnende Umgangsformen, Berlin, 1954.
Wrede-Grischkat, Rosemarie: Manieren und Karriere. Internationale Verhaltensregeln für Führungskräfte, Wiesbaden 2001.

Die **Kinder-Uni** entstand aus einer gemeinsamen
Initiative des Schwäbischen Tagblatts
und der Eberhard Karls Universität Tübingen.

FSC
Mixed Sources
Product group from well-managed
forests and other controlled sources
Cert no. GFA-COC-1223
www.fsc.org
© 1996 Forest Stewardship Council

Verlagsgruppe Random House FSC-DEU-0100
Das für dieses Buch verwendete FSC-zertifizierte Papier *Munken Premium*
liefert Arctic Paper Munkedals AB, Schweden.

1. Auflage

Gestaltung und Satz: Verlagsservice Rau, München
Gesetzt aus der Fairfield, Gill Sans
Umschlaggestaltung: Berndt & Fischer, Berlin
Lithographie: Helio Repro GmbH, München
Druck und Bindung: Clausen & Bosse, Leck
Printed in Germany
ISBN 978-3-421-04309-2

www.dva.de
www.die-kinder-uni.de